IT時代の山岳遭難

安全登山のための最新テクノロジー

木元康晴

ヤマケイ新書

はじめに

今や、私たちの生活には欠かせないものになっているインターネットとスマートフォン。もちろん登山者の間でも積極的に活用されている。

活用されている理由として、第一に挙げられるのは「便利さ」だ。インターネットが利用できなかった時代は、山に向かうアクセス方法を調べるにも、多大な労力を要していた。今ではアクセスだけでなく、コースや山小屋の営業状況、天気など、さまざまな情報を瞬時に入手できるようになった。

第二の理由は、「楽しさ」が挙げられる。以前は山に登っても、ごく限られた身近な人としか、その経験は共有できなかった。それがSNS（Social Networking Service：ソーシャル・ネットワーキング・サービス）などを使って、山が好きなほかの人たちと、経験を共有できるようになった。たとえ単独で登っていたとしても、その登山に共感を持ってもらえる場がインターネットによってうまれた。

そして第三の理由として、「安全性」がある。GPSを使うことによって、正しい現在位置が即座に解るし、これまではアクシデント発生時に孤立してしまう場所であっても、存在を知らせることが可能となってきた。

けれども、インターネットとスマートフォンは便利で楽しく、安全なだけの存在ではない。インターネットやスマートフォンを活用したことから危険なめに遭ったり、遭難する登山者は少しずつ増えている。たとえば、ウェブサイトに誤った位置情報とともに記された絶景スポットを、GPS頼りで訪ねようとして、道に迷って遭難した登山者がいる。かつてはなかったタイプの遭難だ。

テクノロジーとは、完全に信じ、頼りきっていいものではない。テクノロジーが急速に発達し続ける今、登山との関係性を俯瞰して考える必要があるのではないだろうか?

そこで本書では、まず第1章で、テクノロジーの発達に起因する登山の危険性と利便性を概観する。次に第2章で、登山者の行動をサポートするテクノロジー、主にGPSアプリと、山行記録共有システムについて解説。さらに第3章では、日々進歩しつつある、遭難した登山者を救うためのテクノロジーの一端を紹介する。最後に第4章で、登山者としてどのようにテクノロジーと向き合い、活用するのが最適なのかを考えてみる。

なお本書は、2020年2月時点での情報をもとにしている。また、本書で取り上げた各種事例において特に出所の明記がないものは、各サービスのウェブサイトを参考にした。

木元康晴

［目次］

第1章　テクノロジーの発達と最近の遭難の関連性は

第2章　登山者の行動をサポートするために進化するテクノロジー……59

第3章 遭難者を救うために進化するテクノロジー

第4章 登山とテクノロジーの現在、そして未来

第1章

テクノロジーの発達と最近の遭難の関連性は

現代登山者の危うい傾向

山に向かう前にインターネットで情報収集し、行動中にスマートフォンを使って現在地を確認。仲間たちと連絡を取り合う際にＳＮＳを利用する、というのは、今ではごく普通に、登山者の多くが行なっていることだ。しかし、インターネットやスマートフォンが使えるようになったのは、それほど古いことではない。

日本で一般的にインターネットが活用されるようになったのは、Windows95が発売された１９９５年。その後、インターネット人口が本格的に増大したのは２０００年頃からＡＤＳＬや光回線といった、大容量高速回線が一般家庭でも利用できるようになってからだ。

スマートフォンが使われるようになったのは、２００８年にiPhoneが発売されてから。翌年にはAndroidのスマートフォンも発売されたが、この時点での移動通信回線は、第3世代移動通信システムとされる「３Ｇ」で、できることはまだ少なかった。その後２０１２年に「４Ｇ」のサービスが開始。同時にスマートフォンそのものの性能も上がって、活用範囲が一気に広がった。今では珍しくはない、山でスマートフォンを使う登山者が多くなってきたのは、２０１２年以降ということになる。

ここで登山者の状況も見ておこう。

公益財団法人日本生産性本部余暇創研が発行するレジャー白書によると、2000年以降で日本の登山人口が最も多かったのは2009年で、約1230万人。その後は徐々に減少し、2018年では約680万人となっている。一方、山での遭難者の数は、登山人口のピークを過ぎた2009年以降も増加傾向にある。警察庁が発表した2018年の遭難者数は3129人。2009年の2085人と比べると、なんと150%もの多さだ。

登山人口が減っているにもかかわらず、遭難件数が増えている要因については、さまざまな指摘がある。そのひとつが、登山者の人口構成の変化による、というものだ。

2009年は、それまでの登山者とは異なる、現代的なファッショナブルなスタイルで山を登る女性たち、いわゆる「山ガール」が大きく注目を浴びた年だ。それに触発された一般の若い女性の間でも登山人気が高まり、若い登山者の占める割合が高かった。しかしその後は、山ガール人気も徐々に落ち着いていった。

一方、日本の人口のなかでも大きな割合を占める「団塊の世代」の人々は、2007年から60歳代に、さらに2017年からは70歳代に差しかかっていった。登山者のなかでも団塊の世代が占めるウェイトは大きく、それはそのまま登山者の人口構成にも反映し、高齢登山者が増加することになった。登山者のなかでも、遭難者の比率が多いのは40歳以上の中高年層、特に60歳以上の高齢登山者が多いことから、団塊の世代の高齢化が、遭難件数を押し上げている大きな要因だと考えられる。

遭難件数が増えたもうひとつの原因としていわれているのが、山の中での携帯電話の通話可能エリアの拡大だ。携帯電話が使えなかった頃は、アクシデントに遭遇しても連絡手段がなく、なんとかして自力で対応するしかなかった。それが今では通話ができることから、すぐに救助要請が可能だ。その、すぐに要請できるということが遭難件数の増加に結びついている、というものだ。転倒、病気、疲労といった比較的軽微な遭難原因が増加していることも、そのことを裏付けている。

それに加え近頃山岳救助関係者の間では、以前はなかったタイプの遭難が目につくようになった、といわれる。明らかにその人の力量以上のルートを目指したり、極端に行程がタイトなプランニングで山に向かった挙げ句に遭難する人が増えている、というのだ。

私も登山経験はすでに30年以上。その間にはいくつかの山岳会や東京都山岳連盟などで活動し、北アルプスの山小屋でも3シーズン勤務した。登山入門者からエキスパートまで、数多くの登山者と接してきた自分のその目で見ても、最近の登山者がはらむ、危うい傾向は存在すると感じる。そしてその傾向は、インターネットやスマートフォンといった、テクノロジーの普及に連動しているように思えてならない。本章では、その傾向について考えてみる。

変化してきた登山の学び方

山に登るということには、危険がつきまとう。目指すのが低い山で、気楽な日帰りハイキングのつもりであったとしても、遭難する可能性をゼロにはできない。しかし、だからといって、登山が無謀な行為だというわけではない。危険をはらむ山の自然の中で、リスクマネジメントを行ないつつ確実に行動するための、安全管理のさまざまな手段が存在するからだ。たとえば歩幅を小さくする歩き方や、疲労を蓄積させない休憩のタイミングといった初歩的なことから、地図に記される等高線の読み取り方、さらに上級者では高度なロープワークなど、自分自身や仲間を守るための、数多くの知識や技術が存在する。これから登山を始めようとする者は、自分のレベルに合わせて少しずつ、それら安全管理のための知識と技術を、学んでいく必要がある。

それらを登山者は、どのように学んでいくのだろうか？

多くの人は、最初は最小限度の知識や技術をベースにした自己流で、トライ・アンド・エラーで身につけていく、という方法をとることになるはずだ。あとは身近な友人や知人に誘われて登山を始めたという人であれば、それらの人から教わるのが普通だろう。けれども自己流では、すぐ壁にぶつかるだろうし、友人や知人が、十分な知識や技術を持っているとも限らない。登山を続けて、よりレベルの高い山を目指そうとするならば、学ぶための何かほかの手段を考えることになる。

そこでまず考えられるのは、山の雑誌や入門書といった、書籍類で学ぶことだ。そのような書籍類は、経験豊富な登山者たちが身につけてきたノウハウを、解りやすくまとめているものが多い。じっくり読み込むことで、ある程度までなら必要な知識を身につけることができる。整備の行き届いた近郊の山や、夏の富士山であれば、そういった知識をもとにして登ることも可能だ。

その経験をベースにして登山回数を積み重ねていけば、さらに実践的な知識や技術も自然と身についてくることが期待できる。ほかの登山者と接する機会も増えるので、見たり、会話をしたりして学ぶことも多いはずだ。このように、慎重な姿勢での登山を心がけていけば、ある程度までのレベルアップは可能だ。

ただし、それには限界がある。無雪期は北アルプスの剱岳など、難易度は高くても整備された山まで。積雪期は、森林限界を超えない山までがその限界だ。それ以上のレベルを目指す場合は、リスクは一気に増大する。ちょっとした知識不足や、装備や体の使い方の誤りが、遭難に直結してしまうことが少なくない。書籍での学習ではそれらを学ぶのは難しく、十分な知識と技術を持つ人から直接教わることが必須となる。

２０００年頃までは、そういったタイミングで山岳会に入会する人が多かった。経験豊富な先輩と、繰り返し行動を共にするなかで、ときには教えを受け、またあるときは「見て盗む」方法で、より実践的で確実な知識と技術を身につけていったのだ。

しかし現在、活発に活動する山岳会は少ない。山岳会を運営するには、どうしても登山とは無縁な、組織的な労力というのが必要になってくる。また人間関係も会の中で閉鎖的になりがちだし、上下関係も発生してくる。今はそういった組織的、人間関係的な煩雑さは、多くの登山者から敬遠されているのが実情だ。

そこで現在は、各種山岳団体が主催する講習会や、ガイドを利用する登山者が増えてきた。特にガイドは、基本的には利用者側に主導権があり、人間関係の煩わしさは少ない。しかしその一方で、費用負担は大きい。学ぶことが重要な若い世代にとっては、継続的な利用は難しいのが実情だ。また講習会は時期や場所が限られるため、自由に受講することは難しいというデメリットがある。

そういった現状のなか、徐々に目立つようになってきたのが、独学でステップアップを目指し続ける登山者たちだ。かつては経験者からの指導を受けなければ登れなかったような山に、独学での知識と技術とで挑むのだ。それを支えるのが、さまざまなウェブサイトの情報だ。

独学でのレベルアップは可能か？

果たして登山は、独学で身につけた知識や技術で、ステップアップを目指していけるものなのだろうか？

登山にかかわらず、独学の重要性と可能性を論じた興味深い本がある。経済学者の野口悠紀雄氏が著した、『「超」独学法 AI時代の新しい働き方へ』（角川新書）というものだ。ここでは独学が容易な分野と、困難な分野についての記述がある。

独学が容易な分野として挙げられているのは、法律、経済、商学、文学、そして数学など。いわゆる座学で勉強ができるものだ。

それに対して独学が困難な分野として挙げられているのは、医学や工学。それらを学ぶには、設備が必要になるからだ。さらにスポーツ、音楽、美術、踊り、演劇などの実技系が含まれる。言葉では完全に伝えることのできない、要領やコツ、体を動かすタイミングといったものが中心になるからだ。

登山はどちらの分野に含まれるのか、というと、これは一概には言えない。登山で必要とされる知識と技術は、多岐にわたる。それらは系統立てられた一連のものではなく、ひとつひとつは関連性が低い、さまざまな知識や技術の集合体となるからだ。そのなかには、非常に座学に近いものがある一方で、明らかな実技もある。たとえば、地形図に記される地図記号などは座学の範疇だが、急傾斜の岩場でのクライミング的な動作はスポーツに近い。

実際に、地図読みは解説書を読んでの独学であっても、かなり正しい知識を身につけることが可能だ。一方、岩場での動作、特にクライミングを独学で学ぶことは、ほぼ不可能だ。座学系は独学可能で、実技系は独学不可という区分けは、登山においても納得できるものだ。

地形が険しさを増し、自然環境もより厳しくなったとき、歩きや比較的容易な岩場の通過法ではない、実技の要素が高まる。そこに独学では超えることができない、ある一線が登山には存在する。

正しさは保証されないウェブサイト

登山に限らず、複合的な要素を持つものを学ぶとき、必要となる知識と技術には学びやすいものがある一方で、学びにくいものもある。学ぶ側の関心の度合いや、性格などによっても差が生じることもあるはずだ。しかし学ぶための情報元が書籍類であれば、内容は一定のカリキュラムに沿って構成されていることがほとんどだ。そのため、ステップアップしていくために必要な知識と技術の全体像はつかみやすい。

ところがウェブサイトではそうはいかない。さまざまな情報は単一のページになっていて、直接それにアクセスすることができるようになっているからだ。もちろん、体系的に構成された登山技術を解説したページというのも存在はするが、インデックスページを飛ばしたり、直接個別のページに移動することが可能になっている。どうしても、全体像が曖昧《あいまい》なままに、気になる部分のみに着目する傾向が高まることになる。これは必要な知識の取りこぼしにも結びつく。

そしてそれ以上に問題なのが、ウェブサイトでは内容の正しさは保証されていない、ということだ。

インターネット上では、誰もが自由にページを作り、公開できる。登山技術を解説するウェブサイトのなかには、書籍のように、複数の人が内容の正当性をチェックするものも存在するが、それはごく一部にすぎない。多くは1人、またはごく少数の人間が作って、内容の正当性はチェックせずに公開されている。そして普通に閲覧しただけでは、その違いは解らないことがほとんどだ。正しいものも、誤っているものも、同列で見ることができるようになっているのだ。

ある程度規模が大きな、ライターなどに記事をアウトソーシングしているウェブサイトもあるが、やはり注意が必要だ。ウェブサイト運営側では記事の内容に関知せず、ライター任せにしている場合も多い。その場合は信頼性が高そうな外見に反して、記される情報は個人が書いたものがそのまま掲載されているからだ。

２０１６年春には、そのようなウェブサイトにゴールデンウィークの穂高登山を勧める記事が掲載されて問題になったことがある。その記事には、

「登山家気分でピッケルを持って穂高岳山荘を目指そう」

「アイゼン歩行やピッケルの使い方は事前に本などで学習しよう」

「ついでに北穂高岳も登ろう」

などの、残雪期の穂高を目指すにはあまりにも軽薄で無責任な言葉が連なっていて、唖然とした。極端な例だが、ウェブサイトではこういった危険な情報が公開される可能性は常にある。

検索エンジンの落とし穴

また、ウェブサイトへのアクセスのしやすさは同一ではなく、一定の順列が生じる。検索エンジン上に、キーワードを入力したときに上位に表示されるかどうかの違いだ。上位表示されるためのポイントは、まず技術的に正しく作られているページかどうか、ということ。そして情報量が豊富であること、構成が解りやすく、見る人が求めている情報に、できるだけ少ないクリックでたどり着けるかということも重要視されている。

だが、それでは先に述べたように、体系的に構成されたウェブサイトであっても、解りやすかったり、関心が強かったりするページのみ閲覧してしまうことになる。閲覧者の利便性を考えてユーザビリティを上げることが、本来は必要となる情報を取りこぼしてしまうことに結びつきやすい。

さらに検索エンジンでは、多くの閲覧者に支持されていると考えられるページを、上位表示するようになっている。

しかし、ここに大きな落とし穴がある。検索エンジンは表示先の情報の、内容を精査して判断しているわけではない。あらかじめ用意されたアルゴリズム（情報処理のための計算方法）に従って、機械的に分析して決まることになる。アルゴリズムは日々調整され進歩しているが、おおむね多くの人にクリックされている、クリック率の高いページを上位表示するようになっているという。

このことは大雑把に言ってしまえば、多くの人に人気があるページが、検索エンジン上で上位に表示される傾向が高まるということだ。登山に関連したキーワードを入力してその結果を見ると、まず上位に表示されやすいのは、出版社やショップ、山小屋などの信頼性の高いウェブサイトだ。だがそれを除くと、親しみやすい、気を引くような言葉で記されたもの、次に遭難、または遭難に近い状況を報告したもの、さらに初心者の山行報告などが続く。

このような表示の順列が、果たして登山者にとって望ましいものだろうか？　特に親しみやすい、気を引く言葉で記されたウェブサイトは、主観や印象の度合いが強い。単に報告として見るかぎりは楽しく、共感を覚えることも多い。けれどもそういったウェブサイトほど、登山のポジティブで、楽しい部分のみを強調する傾向がある。だが安全管理を行なうには、登山のネガティブな面に向き合うことは必須だ。ステップアップを目指す登山者は、学ぶためにウェブサイトを閲覧しているはずなのに、検索上位に表示されるそういったウェブサイトを見て、耳あたりのよい情報だけに接し、学んだつもりになっている場合が多いのではないか。

ネット情報が与える悪影響

知識や技術が未熟だったり、正しくはない情報をもとに学んできたとしても、目指すのが難易度の高くないコースであれば、遭難に結びつく可能性は低い。

やはり遭難の可能性が断然高まるのは、知識と技術の両方ともが確実であることが要求される、森林限界を超える雪山登山だ。

たとえば数年前の2月に、八ヶ岳の天狗岳を目指したことがある。渋の湯から黒百合ヒュッテに向かい、中山峠から稜線を歩いて山頂に立つコースだ。最もポピュラーではあるが、東天狗岳の手前では岩場も現われる。その岩場の前後は右手が切れ落ちていて、転倒した場合はそのまま滑落に結びつくのは間違いない。そのような場所では、ブーツに12本爪アイゼンを装着して慎重に足を運び、同時にピッケルを突いてバランスをとりつつ進む。そしてピッケルはバランスをとるだけでなく、滑落に備えるためにも重要だ。もしバランスを崩して転倒したり、その転倒が原因で滑落が始まった場合には、ピッケルのピックを雪面に突き刺して、体を止めることになるからだ。

コースが岩場に差しかかり、傾斜も強まってきたあたりで、不慣れな様子で前を歩く男性に追いついた。見るとその足運びは、あまりにも無造作だ。しかも、手にしているのはピッケルではなくトレッキングポール。トレッキングポールでは、滑落した場合には無力で、体を止めることはできない。見るからに危険な様子であり、その男性に声をかけて注意しようとした。そしてそのとき、ふと周囲を見たら、トレッキングポールで歩く登山者がほかにも目に入った。それも1人や2人ではない。東天狗岳を目指している20人を超える登山者の、3分の1以上が、ピッケルではなく、トレッキングポールを使って登っているのだ。注意の言葉も引っ込んで、唖然としてしまった。いったいどうして、このような安全意識の欠けた登山者が多いのか？

帰宅後、疑問を感じてインターネットの検索エンジンに、「天狗岳 雪山 登山」と入力してみた。するとトップに表示されたのは、個人のブログだった。登山は初級者、雪山登山はほぼ初めてだというその人は、前の冬に、思い切って冬の天狗岳にチャレンジしたという。装備は、ウェアは十分に防寒、防風対策を考慮したものを用意。さらに冬用ブーツに、12本爪アイゼンもそろえたという。しかしピッケルは使い方がよく解らないので購入せず、トレッキングポールで向かったとのこと。その結果、無事に天狗岳に登頂。ピッケルの必要性は特に感じず、トレッキングポールのほうがバランスをとりやすく、効果的なのではないか、といった内容が記されていた。

私が天狗岳で見た登山者たちが、このブログを見たかどうかは解らない。けれども、検索エンジンはより多くの人が閲覧し、その閲覧時間が長いページを、検索上位に表示する傾向が高い。そのことを考えると、このブログを参照した登山者は、決して少なくはなかったのではないだろうかと思えてならない。

そのブログはその後間もなく、検索上位には表示されなくなった。しかし同様のウェブサイトが上位表示される例は非常に多い。チェーンスパイクで冬の天狗岳に登った、初めての登山が厳冬期の赤岳だった、雪の富士山をトレッキングポールで登った、といった報告をするページは、次々と現われる。

インターネット上にあふれるこのような誤った情報が、独学でステップアップを目指す登山者たちに、悪影響を与えているのは間違いない。

登山と相性がよいSNSとスマートフォン

個人がブログなどで情報発信することの問題点を指摘したが、だからといって、情報発信することを否定するのではない。インターネットが普及する以前から、登山の楽しみは3つあるといわれていた。

「計画する楽しみ」「登る楽しみ」そして「記録をまとめる楽しみ」だ。

実際の登山中には日常生活にはない、さまざまな出来事が起きる。それらを振り返り、ただ記憶するのではなく、文章などでとどめておきたい、記録にまとめたい、という欲求は登山者であれば誰もが強く感じるはずだ。

一昔前であれば、それらの記録は個人的なメモかノートとして残されるのみだった。山岳会に所属していれば会報に掲載することはあるだろうし、さらに意欲的な人であれば、雑誌に紀行文の形で投稿するということもあっただろう。しかし、どちらかといえばそのような投稿、寄稿を行なうのは限られたごく一部の登山者だけだった。

山行記録が自由に発表できるようになったのは、やはりインターネットの普及が始まり、個人でウェブサイトを公開する方法が可能になってからだ。ただしWindows 95が発売された１９９５年頃はまだ、ウェブサイトを作るには知識と労力が必要だった。そのような知識や労力が不要になったのは、ブログサービスが利用できるようになった2003年以降だ。投稿の手間が少なくて、より情報発信しやすいブログの利用は登山者の間でも一気に広まり、より多くの人が、自分の登山について情報発信するようになった。

とはいえこの頃もまだ、ブログを利用するのは発表に対して強い欲求を持つ登山者に限られていた。ところがありとあらゆる登山者に、発表するということを容易にするサービスが登場した。それが人と人とのつながりを促進し、サポートするための交流サイト、いわゆるSNS（social networking service：ソーシャル・ネットワーキング・サービス）だ。

日本で最初に普及したSNSはmixiだが、やや使い勝手が悪いためか、さほど大きな影響力を持つことはなかったと思う。私も多少は試してみたが、それ以前のパソコン通信やメーリングリストのような閉鎖的な印象を受け、ほとんど利用しなかった。

続けてTwitterも普及してきたが、140文字までという制限があったうえ、当時は写真の投稿もできなかったため、登山の報告には適していなかった。

登山者に対する影響力が大きかったのは、2008年から国内サービスが始まったFacebookと、Facebookに先がけて2005年にウェブサイトが開設されたヤマレコだろう。

ヤマレコは登山に特化したＳＮＳで、文章と写真の記録だけではなく、その頃から利用が広まったＧＰＳを使って取得した、トラックログを表示することができた。シンプルながらも実用的な体裁であり、コアな登山者を中心として少しずつ利用が広まっていった。

Facebookは、今や説明の必要がないほどに普及したＳＮＳだ。実名を前提としたもので、日本でのサービスが始まった直後は果たして日本人になじむのかという疑問も出ていたが、女性や中高年層にも使いやすいシステムで、２０１０年頃から利用者が増えていったのは周知のとおりだ。

ヤマレコだけでなく、Facebookも登山との相性は抜群だ。基本は比較的短い文章の投稿が中心だが、写真を添えての投稿がしやすい。山に行って、素晴らしい体験をした登山者が、その体験を手軽に発表するには最適のシステムだった。

そして、山の景観というのは美しく、魅力的だ。ちょうどスマートフォンが普及し、搭載されるカメラの性能もアップしてきた時期でもあった。スマートフォンを利用しての撮影では、タイミングさえよければ、誰もがかなり美しい写真が撮れる。そういった写真は、タイムラインのなかでもよく目立ち、その投稿に対する「いいね！」の評価は集まりやすい。そういったポジティブな反応は投稿者にとって心地よいものであり、Facebookも多くの登山者が利用するようになった。

可視化された登山行為

ところが登山者の間でＳＮＳが普及することにより、それ以前には意識することが少なかった、登山のある一面が可視化されるようになってきた。

それは登山の持つ、スポーツ的な一面だ。登山がスポーツなのか、それとも徒歩による山地旅行なのかは意見が分かれるところで、昔からその登山者がどのようなインセンティブ（動機づけ）で登山に取り組むかによって、それぞれ考えを持っていた。ただし大なり小なり、登山はスポーツ的な要素を内在していることは間違いない。特にクライミングはほぼスポーツと呼んで差し支えない内容だし、高所登山もその傾向が強い。とはいっても、一般のスポーツとは大きく異なる面もある。それは、観客が存在しないことだ。

現在のスポーツクライミングに代表される、ボルダリングも含めたフリークライミングは、観客、またはそれに近い目撃者がいる場合がほとんどだ。ところが、もっと山岳地帯に入り込んで行なう登山では、そのような観客は存在し得ない。自己申告に近い形で報告をまとめ上げて発表するか、でなければ、すれ違った登山者に、足が速いですね、すごいですねと声をかけてもらう程度だ。難易度の高い岩壁の登攀や、高峰の登頂であれば報告も注目される。しかし一般登山者、アマチュア登山者に対する観客は存在せず、したがって評価される機会というのもなかった。

　それを変えたのがＳＮＳ、特にヤマレコだ。ＧＰＳアプリを動作させたスマートフォンを持って歩けば、歩いたコースと時間、それと同時に歩いた速さも解る。通過困難な険しい箇所も、たくさんの写真で撮り、記録として残すことが可能だ。それらのログや写真をそのまま、誰もが閲覧できる形で公開できる。

　ほかの人が歩くスピードや、コース上の険しい難所の様子を把握できることは、本来はとてもよいことだと思う。しかしそういった記録が蓄積し、多くの登山者に閲覧されることによって、本質的には競うものではないはずの登山に、競争的な要素が付け加えられることになった。

　解りやすい例が、脚自慢、スピード自慢の人の存在だ。登山は競うものではないと言っても、体力のある健康な登山者であれば、ほかの人よりも速く歩きたい、より難しい場所を登ってみたいという気持ちを持つ人は多い。そしてそういう気持ちが強くても、自分がほかの人の記録と比べて、速いか遅いかを確かめる分には問題はない。ところがそれが、他人からの評価の対象になったのだ。「いいね！」の数とコメントが、その評価の方法だ。ＳＮＳの発達により、登山行為が、直接ではなくてもデータの形で可視化され、バーチャルな形での観客を得ることになった。

　とはいえ、多くの登山者にとっては「いいね！」もコメントも、自分の登山に対するささやかな励みになる程度だろう。

ところが一部の登山者は、その「いいね！」や自分を高く評価するコメントを重視するようになった。そして登山内容を、よりエスカレートさせる人も現われた。

度を過ぎた承認欲求の先に待つもの

ＳＮＳを利用している人であれば誰もが、多くの「いいね」を集めたり、自分の投稿内容を肯定するコメントが書き込まれると、嬉しく感じるはずだ。ここには他人に自分を認めてもらいたいという「承認欲求」の心理が働いている。

そのようにＳＮＳ上で承認欲求が生じること自体は、悪いことではない。かつて登山は、誰にも見られることがなく、自己完結することで終わっていた。しかし、たとえ一般ルートであったとしても、都市生活を送っている人がチャレンジするには、大きなエネルギーを注ぎ込むことになる。その行動が可視化されることによって、評価され得る対象になった場合、他人に認めてもらいたいと思う気持ちを持つのは自然なことだ。私自身、Facebookを活用し始めてからの数年間は、より多くのいいねとコメントをもらおうと考えて行動した経験を持っているので、その気持ちはよく解る。

ただし、そういった承認欲求も、ささやかな楽しみの範疇でとどまるうちはいいが、度が過ぎると危険となる。

山岳救助関係者に話を聞くと、実力以上に背伸びをした山やコースを目指したことによって遭難に至った登山者たちの、背伸びをすることになったきっかけの多くは、おそらくＳＮＳでの評価を高めようという考えにある、という。

実際の遭難に関わるセンシティブな問題であり、詳細は省くが、ある救助関係者が顕著な例として挙げたのは、数年前に残雪期の八ヶ岳で行方を絶った男性だ。その男性は難易度の高いルートを、通常以上のスピードで登ることを自分のスタイルとしていて、その山行報告をＳＮＳに掲載。多くの称賛が得られるにつれ、目指すコースの難易度は少しずつ上がっていったという。しかしこの男性は、登山技術を独学していたらしい。最後に赤岳近くの稜線でその男性を目撃した人によれば、とても目指したコースを歩ける技量や体力があるようには見えなかったという。結局は、行方を絶って数ヶ月が経過してから、登山道を離れた沢筋で遺体が発見されている。おそらく下山の途中に滑落したものと考えられている。

度を過ぎた承認欲求が原因とみられる遭難では、２０１９年10月28日のものが大きな話題になり、記憶にも新しい。47歳の男性が、装備不十分のまま新雪期の富士山の吉田口頂上に立ち、そこからお鉢巡りをする途中に滑落、死亡したものだ。一連の行動は、本人が動画共有サービス『ニコニコ生放送』でリアルタイムで中継。滑落の瞬間までもが映っている、衝撃的な内容だった。

滑落の瞬間とその少し前まではYouTubeで閲覧できるため、私も何度か確認したが、雪の富士山を登るにはあまりにも貧弱な装備や、安全に下山するための行動プランの欠如などに唖然とする思いだ。その後の報道などによると、生活や健康にさまざまな問題を抱えていたというこの人は、富士登山の様子を配信することと、それに対して書き込まれるコメントを心の拠りどころにしていた節がある。だからといって、遭難に直結するような登山を行なうことは、容認できるものではない。

登山において、他人からの評価を意識することはとても危険だ。登山を行なう間、登山者は目の前に現われるさまざまな状況に対して、判断を下すことになる。コースが簡単で、天気がよく、行程に余裕があれば、楽しく登ることを優先して判断すればいい。しかしそうではない場合、特に危険が迫る場合には、その危険を確実に察知。自分の安全を最優先とした判断に切り替えなければいけない。

そういった危険が迫る状況でも、他人の評価を意識する気持ちが強いと、安全よりも、本来得られるはずだった評価を優先する判断を下してしまう。また、ときには、目に入った危険を危険ではないものとして、意識から押しやってしまう。その結果、本来ならば回避可能だった危険な状況に身をさらし、遭難する。

第三者の目からすると、そういった流れがより明らかに見える。自ら危険の中に進んでいくようにすら思える遭難者の行動には、無念さを感じる。

SNSが誘発するそのほかの危険

SNSでのスピード自慢的な投稿は、自分自身の承認欲求に関わるだけでなく、ほかの登山者にも悪影響を及ぼすことがある。特に目につくのが、登山の初心者ほど、そのスピード自慢の登山者の時間を見て、その時間で歩けるのだと勘違いしてしまうことだ。

たとえば登山に興味を持つようになった若者が、山の本などを読むこともなく、ネットだけで情報収集するというのは今では普通だ。そこに「南アルプスの広河原から白峰三山、日帰りでサクッと縦走してきました！」などと書いてある投稿を見ると、つい信じてしまう。しかも悪いことに、そういった記事ほど検索上位に表示されやすい。多くの登山者は、本当にそんなことが可能なのかと思ってついクリックするのだろう。そのクリック回数の多さが検索エンジンのシステムに、「重要なページ」との判断を与えることになり、検索上位に上がるのだと推測される。そのようなページを基礎知識のない初心者が見ると、検索上位にあるページなので正しく、一般的な情報だと勘違いしてしまうのだ。そして初心者が、本当に白峰三山を日帰りで縦走するようにプランニングしたりする。

「日帰りの縦走は普通は無理だよ」

と忠告をしても、

「いや、だってネットに書いてあるから大丈夫ですよ」

という返事が返ってくる。特に若い人ほど、インターネット上の情報を疑うこともせずに、そのまま信じやすい傾向があるように感じる。

ＳＮＳに起因する危険としては、ときに冷静さを欠いた行動を誘発してしまうことも挙げられる。たとえば私の知人で、秋の連休にある山の頂上を難コースから目指す計画を立てた人がいた。途中の山小屋に宿泊し、そのことをその場でＳＮＳに投稿すると、ＳＮＳ上の知人が、一般コースから同じ山の頂上を目指す予定だというコメントを書き込んだ。そのままコメントでのやり取りが始まり、翌日はその山の頂上で落ち合う約束をしたという。それまでＳＮＳでは何度もやり取りしていたものの、実際に会ったことはない２人だ。翌日に頂上で会ったとしたら、そこで初対面となるはずだった。

しかし、その初対面は実現しなかった。難コースに向かった私の知人が転落、死亡したからだ。一連の様子を、ほぼ同一行動をとりつつ見ていた別の知り合いからは、山頂での待ち合わせ時刻が、難コースから向かうにはずいぶん早い時刻だったため、それに間に合わせようと急ぎすぎたことが原因のひとつではなかったかと、伝えられた。

ＳＮＳの知り合い同士によって構成された即席パーティが引き起こす、危険な登山が目立つという指摘もある。２０１８年3月21日、奥多摩の三頭山に向かった10代から40代の日本人と中国人合計13人のパーティが下山できなくなって消防隊員に救助された遭難は、大きく報道されたために記憶に残っている人も多いだろう。そこまでの例ではなくても、山好きがＳＮＳで仲間を募集し、一緒に行くことになったものの、相手の技術が不足していたり、装備が中途半端だったりして、危険な思いをしたという話は多い。

ＳＮＳは登山の報告をするには適しているが、仲間を募集するには手軽すぎて、逆にアクシデントの原因を引き寄せてしまうともいえる。

登山では、パーティを組む、という意味は重い。パーティで入山する場合は、下山まで行動を共にするという暗黙の了解があるからだ。もし、同行者に技術や体力、装備などの不安があって、予定どおりの行動がとれない見込みが高まったとしたら、その時点で引き返すことや、エスケープルートからの下山を考えなければならない。どうしても下山できない場合には、一緒にビバークすることも必要だ。

一緒の行動が難しいと解った時点で、話し合ってパーティを分けるということもできない。たとえば3人で散歩に出かけ、その最中に1人が気分が悪くなり、そこから1人で帰ったとしてもまったく問題ない。しかし登山中にパーティを離れて1人で帰路につき、その途中で遭難したとしたら、残った2人の責任が追及される。警察からの事情聴取に加え、法的な罰則が科される可能性もある。したがってパーティ登山では、相手の体力や技術を知っておく必要がある。SNSで意気投合したとしても、それですぐ登山に向かうのではなく、事前に顔を合わせて、経験や技術など伝え合う機会を持つべきだ。

道迷いを防ぐはずのGPSを使って道に迷う

インターネット以外のテクノロジーで、登山に大きな影響を与えたものにはGPSがある。

GPSとは、アメリカ合衆国が運用するグローバル・ポジショニング・システム（Global Positioning System）のことをいう。GPS受信機は、地球を周回する31個のGPS衛星のうちの4つ以上から電波を受信して測位計算を行ない、受信機の地点を割り出して画面上に示す。国内では2000

年代前半に普及が始まり、私もさっそくアウトドア用のハンディタイプのGPS受信機を入手して使った。ただし当時は機体が高価で、地図データも有料だったために、かかった費用は5万円以上。そのうえ操作性は悪く、画面もモノクロで小さく見づらかった。トラックログのデータも、RS-232Cという、今の感覚ではかなり扱いにくいケーブルを利用してパソコンに転送する必要があり、使いこなすには相応の知識と労力が必要だった。結局、その不便さから持ち歩く機会は少なく、使いこなすことはできないうちに、しまい込んだままになってしまった。

ところが2010年頃から一気に普及してきたスマートフォンには、GPSが搭載されていた。そのGPSも、最初はGoogleマップで現在位置を知る程度の活用法しかなかったが、間もなく登山用のキャッシュ型GPSアプリが登場。それらアプリは、それ以前の専用機よりもはるかに操作性がよく、画面も見やすくなっていた。トラックログの活用も手軽で、アプリによっては簡単な操作でDropboxなどにバックアップできる。ヤマレコなどの登山専用SNSにアップロードできることも、前に述べたとおりだ。

ただし、GPSアプリが登場して間もなかった頃は、登山者の立場からは活用に慎重な意見も多かった。スマートフォンというハードウェア上で動くアプリであることから、電池切れ、破損、紛失といったリスクがつきまとう。スマートフォンそのものが寒さに弱く、低温下で動作しにくいという弱点もあったからだ。

慎重論の背景には、そのようなハード面からの危惧よりも、努力をせずに現在位置を知るのが可能ということが、どうにも安直に思えたという感情もある。長く登山を続けてきたエキスパートほど、職人芸ともいえる自分の読図力には自信を持っていたはずだ。私自身がそうだった。緻密に地形を観察し、地形図の等高線と照らし合わせてナビゲーションを行なう、その一連の技術には誇りすら感じていたのだ。その技術が不要になってしまいそうな事態に、苛立ちにも似た不信感を抱いたものだった。

ただ、私には自分が歩いたコースを、データとして残しておきたいという考えがあった。それがスマートフォン以前に、専用機を使い始めた理由だ。さらにＧＰＳを使ううち、地形図に記される徒歩道の位置が、実際の登山道とずれている部分があることにも気づいた。そのような箇所はできるだけ掌握しておきたいという考えも持ったので、ＧＰＳアプリを使い始めたのも比較的早かった。

けれどもＧＰＳアプリが活用され始めた当初の実際のユーザーは、どちらかといえば初級者のほうが多かったのではないだろうか？　特に道の解りにくい深山の中で、ルートファインディングをせずに、スマートフォン片手に行ったり来たりを繰り返す登山者をしばしば見るようになると、むしろＧＰＳアプリは弊害で、道迷いを増やす原因になりかねないのではないかと思ったほどだ。

山岳救助関係者に話を聞くと、やはりGPSに起因する遭難事例はあるという。登山道に入ったら、見るのは足元とスマートフォンのGPSアプリの画面だけ。少し慎重に周囲を観察し、ルートファインディングすれば間違わないような部分で道迷いし、登山道を離れた場所で身動きがとれなくなってしまうのだ。道迷い遭難の場合、迷う場所にはおおむね一定の特徴がある。救助する側はそういった場所を重点的に探すことで、早期発見を目指している。しかしスマートフォン片手の遭難の場合は、従来では考えられないような場所に入り込んでいることもあり、道迷い遭難の新しいタイプとして、警戒しているとのことだった。

地図読みを変えたGPS

ここまで、自由な情報発信が独学登山者や登山初心者などに与える影響と、利用が進んでいるSNSやGPSアプリの、使い方による問題点などを取り上げた。だが、そういった各種テクノロジーが、登山に対して悪い影響ばかりを与えるのかというとそれは違う。

まず、メリットをもたらしたのはGPSだ。

登山者必修の技術とされる、地図読み。基本は自分のいる現在位置を、地図上で特定することから始まる。ところが、地図上で自分の現在位置を正確に指し示すのは難しい。自分のいる位置が山頂や山小屋などのランドマークであれば特に問題ないし、視界が開けていて、遠くに見えるランドマークの２つ以上が手持ちの地図にも載っているのならば、プレート式コンパスを併用した交会法を行なうことで、かなり正確に現在地を特定できる。

ところが周囲にランドマークがなく、樹林やガスで視界が限られるときには、正確に現在位置を知ることは非常に困難だ。周辺の地形の起伏と、そこに至るまでの地形変化の様子とをイメージし、それを地形図の等高線と照合。コンパスも併用して方向を確かめつつ、推定していくしかなかった。

それを解決したのが、ＧＰＳだ。これを使うことで、地形をうまく読み取れず、等高線との照合ができなかった場合や、そもそもそういった能力が不足していたとしても、簡単に現在位置を知ることができるようになった。

ＧＰＳ専用機に挫折した私が、積極的にＧＰＳアプリを活用するようになったきっかけは、２０１２年秋、当時住んでいた鳥取県の伯耆大山で行われた、国土地理院の登山道調査ボランティアに参加したことによる。これは２人一組のペアがＧＰＳ専用機を持ち、指定された登山道を歩いて、地形図上の徒歩道と実際の登山道のズレを調べるというものだった。私は三鈷峰から大休峠に続く縦走路を担当したが、ズレが大きなところでは、20ｍ以上も離れている部分があった。それまでも、徒歩道と登山道のズレがある場所が存在するとは認識していたが、はっきりと意識したのはこのりときだ。その後間もなく、スマートフォンを新しいタイプに買い替えてからは、できるかぎりＧＰＳアプリを使うように心がけるようになった。

そして意識して使うようになると、ＧＰＳのメリットが次々と感じられるようになってきた。まず、現在地と同様に標高も知ることができるのだ。それまでは気圧計方式の高度計を使っていたが、毎回直前の調整が必要だし、その日の気象条件によって表示の度合いが変わるため、あくまでも目安程度にすぎなかった。それがより小さな誤差で表示されるので、とても便利に感じた。

もうひとつ重宝したのは、地形図を拡大できること。私も40代半ばには老眼が始まって、２万5000分ノ１地形図の細かな部分が見えにくくなってきた。それが自由自在に大きさを変えて、等高線をはっきりと見ることができるのだ。現在位置も正確に表示されるのだから、地図読みの能力は飛躍的にアップ。道の不明瞭なコースに行ったときにも、正確なナビゲーションが行なえるようになった。

もちろん、自分の歩いたコースをデータとして保存し、スマートフォンだけでなくパソコンでも閲覧、活用できるようになったのも大きなメリットだ。

これらＧＰＳアプリについては、次章以降で代表的なものを例に挙げて特徴を解説する。

インターネットは稀少な情報の発信源

ウェブ情報のデメリットについても触れたが、誤った情報のほうが多い、ということはない。個人がインターネットを活用するようになってまだ間もない頃は、純粋に良質の情報発信を目的としていたウェブサイトは多かった。

私がインターネットを使い始めたのはやや遅く、ちょうどWindows98が発表になった1998年からだ。その頃から2000年代にかけて、インターネットを使うことで特に重宝したのは、幅広い登山地情報を得られることだった。それ以前は、山について知ろうと思ったら書籍か雑誌を見るしかなかった。ただしそういった商業出版では、取り上げられるのはメジャーなルートがほとんどだ。毎週のように山に登りつめる意欲的な登山者であれば、代表的なメジャールートは程なく登り尽くしてしまう。そこでまだ登っていない、マイナーな山域の知られざるルートを探そうとするのだが、これといったよい方法はなかった。私は都心の近くに住んでいたので、山岳関係の専門書を取り扱う書店などで、さまざまな山岳会が自費出版の形で出していた報告書の類は入手できた。しかし1冊2000円前後と値段は高いうえ、内容も玉石混交だった。

ところがインターネットを利用することにより、商業的な、売れる・売れないという価値観から離れた情報発信が可能になったのだ。そのことを知った一部の登山者たちは、少しずつウェブサイトを開設し、情報発信を始めていった。それらウェブサイトは、個人のものもあれば山岳会のものもあった。その頃の私は、日本全国のバリエーションルートを解説した『日本登山大系』という全10巻のバリエーションルートの解説書を愛読していたが、それにも掲載されていない、知られざる山域、知られざるルートがまだまだたくさんあることを知って、非常に驚いたものだ。

その頃際立って充実していたものに、『ARIアルパインクラブ』を主催し、代表を務めていた有持真人氏による『アルパインクライミングホームページ』があった。これはクラブのメンバーだけでなく、やはり有持氏が管理人を務める『アルパインクライミングメーリングリスト』のメンバーによる投稿も多く、情報量は非常に豊富だった。私と同年代でアルパインクライミングに取り組んでいた人ならば、記憶している人も多いだろう。

また私は、２００６年から6年間、鳥取県に住むことになった。ところがガイドブックなどの書籍を開いても、鳥取県のある山陰地方のみならず、中国地方の山の情報というのはごく少なかった。伯耆大山《ほうきだいせん》や氷ノ山《ひょうのせん》、蒜山《ひるぜん》などの一般コース以外は、日帰りハイキング程度の山の情報しか存在しないのだ。たとえば積雪期に、西日本のアルパインクライマーを多く集める大山北壁の情報も皆無であり、完全にインターネット頼りだった。『米子クライマーズクラブ』という山岳会や、『山猿二匹』という個人が作ったウェブサイトも重宝したが、最も充実していたのは『岳人集団 岳獅会』という山岳会のものだった。結局、私自身もその山岳会に入会することになったほど、情報量が多くて助けられた。

こういった、知られざる山域やルート、また人口が少ない地方の情報も発表できることは、インターネットが普及したことによる非常に大きなメリットとなった。

新鮮だった登山初級者のブログ

インターネットが普及したことにより、情報発信の幅はルートやエリアだけでなく、登山者の〝人〟の面でも広がった。それまでは、メディアに取り上げられるのは経験豊富な登山者の発言や報告、感想がほとんど。たまに山岳雑誌の中に、初級者の感想が掲載される程度だった。それを大きく変えたのが、国内でのブログサービスの始まりだ。それまでは、ウェブサイトを作るには一定以上の知識と労力が必要だった。誰もが作れるとは言いつつも、学ばなければいけないことは多かったし、更新には手間も時間も要した。ブログサービスは、その労力を大きく軽減。より手軽に作れるようになって、情報発信のハードルを下げたのだ。

2000年代半ばにはブログは一般的なものとなり、登山者の間でも広まっていった。数多くの登山初心者もブログを開設し、その人なりの登山の楽しみ方を紹介するようになったのだ。

当時これは、画期的だった。特に私などは、登山を始めてさほど時間を置かずに山岳会に入会。所属する会はいくつか変わったものの、おおむねその山岳会の中の、数十人規模の価値観の中でしか登山を捉えていなかった。それが自分たちとは立場が異なる、さまざまな考えを持って山に向かう人たちの、生の声を知ることができるようになったのだ。

特に、鳥取県に移住した2006年からの6年間は、ブログが最も盛んだった時期だったこともあり、多くのブログを愛読していた。会社の人間関係に悩みつつもアルパインクライミングを志す人、親の介護に時間を割かれつつも花の山を巡り歩く人、骨折したもののそれを乗り越えて山に向かおうとする人などのブログは、応援するような気持ちで毎日のように閲覧していた。慣れない鳥取県に移住して、戸惑うことが多かった私は、それらのブログを読むことで、山への気持ちを奮い立たせることができるようになったものだ。

その頃、最も更新を楽しみにしていたブログのひとつが、『雪山大好きっ娘』というタイトルのものだった。女性を思わせる（実際は男性だったが）、若く初々しいクライマーが、少しずつ経験を積み重ねてレベルアップしていく様子を報告するもので、独特の爽やかさがあった。当時は私はすでに40歳を過ぎていて、経験もほどほどにあったのだが、その自分を初心に立ち戻らせてくれるような効果もこのブログから感じた。

ここから受けた影響は大きく、自分もそのようなフレッシュな気持ちでもう一度山に向き合いたいと考えて、『山と兎』というブログを開設。右も左も解らぬ鳥取県で、山岳会に入会し（前述の岳獅会）、大山北壁をはじめとする中国、四国地方のさまざまなバリエーションルートに向かう様子を報告した。このブログには、それまでいろいろな情報を提供してくれた、インターネットの世界に対する恩返しのような気持ちも込めていた。

即時性へと対応していったウェブ情報

ウェブサイトやブログでの山行報告が一般化するにつれて、次第に閲覧者側からの要望が出るようになってきた。山行報告をできるだけ早く見たい、というものだ。単にルートの概要だけではなく、最新状況を知って、自分自身の次の山行に活かしたいと考える人が増えたのだ。私は当時は、山に行くのは週末のみであり、ブログの更新をするのは月曜日になる場合が多かった。そのためか、ブログのアクセス解析を見ると、ページビューが最多になるのは毎週月曜日だった。

所属していた岳獅会のウェブサイトにも、同様の要望は寄せられていた。毎週日曜日の夜から月曜日にかけて、会のウェブサイト更新担当者は自分のことよりも、まずは更新作業に取り掛かる、といった状況に追い込まれていた。

その状況が変わったのは、２０１０年代に入り、ＳＮＳが普及し始めてからだ。私の身の回りでは、mixiを使っている人はほとんどいなかったが、Facebookの利用者は少しはいた。私がアカウントを作成したのは２０１０年10月だ。それでも当初は、少数の若い人たちしか使っていないように思えたが、日に日に利用者は増加していった。

このFacebookはブログにも増して更新の労力は少なく、山行報告が手軽にできた。そして投稿に対する反応がストレートで解りやすいため、次第にブログよりもFacebookへの投稿を優先するようになった。熱心にブログを更新していた人の多くも、少しずつFacebookに移動していったようだ。自分自身の投稿の手軽さだけでなく、タイムラインから多くの人の投稿をまとめてスムーズに見られるのも便利だった。スマートフォンとの相性がよく、とても扱いやすいこともブログからFacebookへの流れを推し進める要因になった。

そしてその頃、検索エンジンで山のことを調べようと思って検索すると、あるウェブサイトがヒットすることが増えてきた。『ヤマレコ』だ。これは個人の山行報告に特化したウェブサイトで、地図上にその人が歩いたトラックが赤い線で示されるほか、写真もあるとても解りやすい構成だ。

そして、なによりも画期的だったのは、ユーザーの多くが、下山してすぐに記録をアップしていることだった。直近の登山道の状況、特に雪山シーズンは、積雪量などを写真で見ることができるため重宝し、積極的に閲覧することが増えてきた。そういった便利さがあったからか、登山者たちからの支持も少しずつ集め、存在感を増していった。

2012年には山と溪谷社も、雑誌以上に情報の即時性を意識したウェブサービスをスタートさせる。メールマガジンの『週刊ヤマケイ』だ。ただしこれは、投稿者の記録が自動で表示されるのではなく、編集者の手を介して組み上げる形式だった。その分手間がかかるため、配信は毎週木曜日の週1回のみ。試みとしては面白く、私もずいぶん熱心に投稿したのだが、やはりヤマレコほど登山者のニーズに応えていたとは言い難く、6年半ほど経った2019年3月で終了している。

なお山と溪谷社での同様の試みは、『ヤマケイオンライン』の「みんなの登山記録」に引き継がれている。また、よりコミュニケーションに重点を置いた、『YAMAP』というサービスも立ち上がっている。

さらにライブカメラが設置されて、リアルタイムで今の状況を見ることができる山もある。スタッフが、ブログやFacebook、それにTwitterを使って最新情報を発信する山小屋も増えている。

ここで触れた『ヤマケイオンライン』『ヤマレコ』『YAMAP』といった、登山者の山行報告の共有を目的としたウェブサービスについては、次章以降で解説する。

情報が早いことの優位性

ここでウェブ情報と、既存メディアの情報とを比較してみよう。

登山情報を取り上げる既存メディアとしては、『山と溪谷』や『岳人』『PEAKS』といった雑誌が代表的なものだ。そして『アルペンガイド』や『分県登山ガイド』のような、ガイドブック系の書籍がある。さらに『山と高原地図』のような登山地図もここに含まれる。

もうひとつ、各種テレビ番組が登山を取り上げることも多いのだが、いずれも編集の度合いが過剰すぎるという難点がある。映像は現地で撮影したものであり、最適な登山の情報源のように感じる人も多いと思うが、実は非常に心もとない内容であるため、ここでの比較対象からは除外する。

雑誌や書籍、登山地図の情報の特徴は、コースや技術に精通した登山者が執筆する、ということにある。そのため、危険箇所などについての記述も妥当なもので、基本的に信頼性は高い。さらにその記述内容がそのまま掲載されることはなく、必ず編集者のチェックが入る。その時点で必要に応じて書き直したり、ほかの専門家の意見なども反映されるため、より客観性の高い情報になる。

問題は誌面に限りがあることで、1ページ、または2ページなどとページが割り振られたら、そこに収めなければいけない。文字数や写真の枚数、地図の大きさなどにも制限が生じ、要点のみをまとめ上げる形になってしまう。

さらに問題なのが、どうしても情報が古くなってしまうことだ。たとえば5月15日発売の、6月号となる山の雑誌に記事が載るとする。その号の記事の実際の作成期間は、4月中の約1ヶ月間。そうなると写真などの素材は、3月末には用意しておかなければならない。しかし3月の山の写真では、5月から6月にかけて書店に出回る雑誌の情報源には適さないばかりか、エリアによっては根本的に無理なことも多い。したがって前年に取材をして素材を用意し、それを翌年の記事に仕上げる、という形が通常だ。

もう一つ付け加えると、必ず有料である、というのも問題に感じる利用者もいるかもしれない。

一方のウェブ情報はかつての『週刊ヤマケイ』のようなメールマガジンや、『YAMAHACK』のような編集されたウェブサイトも存在するものの、大半は未編集だ。書き手も、経験豊富な登山者に限られることはまったくなく、初心者ということも少なくない。編集されなければ内容のチェックもなく、意図する、しないにかかわらず、誤った情報も存在し得るのも前に述べた通りだ。

しかし逆にそのことは、より読み手に近い立場の人が書いているということにもなる。編集もなく、チェックもなければより率直な印象を記すことも可能だ。専門家が書いて編集されたものよりも、ある面では実際の印象に近いといえる。

そして情報の即時性という、既存メディアでは不可能な大きなアドバンテージを持つ。特に降雪や積雪といった雪の情報、大雨の後の登山道の荒れ具合といった、天候に起因する登山道の変化の状況を速やかに知るには、今となってはSNS系のウェブサービスなしには考えられない。こういった理由から、登山者からのウェブ情報に対する需要は高まっていった。

最新テクノロジーも活用される捜索現場

遭難が発生した場合に通報したり、下山しない登山者を不審に思う家族が捜索願いを届け出るのは警察だ。警察ではその後ただちに、遭難者の行動の概要を掌握するために、提出された登山届をチェックする。この登山届は、通常はパソコンなどで作成してプリントアウト。それを登山口にあるポストに入れることが多い。ただしその登山口が、とても不便な場所だったりすることもある。さらに夏山シーズンや連休時であれば、登山者の数は多く、それに応じて登山届も増える。通報があってから、それらを一枚一枚チェックするのは、かなり手間がかかることだ。

それを解決するために、この数年はインターネットを経由しての、登山届の提出を受け付ける警察や自治体が増えてきた。その場合は山や登山者の名前などで登山届の検索ができるので、探し出すのは非常にスムーズだ。

さらに、日本山岳ガイド協会が運営する登山届共有システム『コンパス』では、スマートフォンなどで登山届が提出できるようになっているため、提出がしやすい。これで提出された登山届は、検索以外にも管理がしやすく、さらに利便性が高まっている。

登山届の特定だけでなく、実際の捜索の現場でも各種テクノロジーの普及は進んでいる。特に捜索に特化したサービスは『ココヘリ』だ。登山者は、山に向かう際には重さ20gの発信機を持つ。そして万が一遭難した場合の捜索時には、その電波をキャッチする受信機を搭載したヘリコプターが、ピンポイントで遭難者を発見する。

また、近年は民間の山岳捜索隊が存在感を増している。

通常、遭難者の捜索は警察、または消防によって行なわれる。ただし山岳地帯は広大であり、山の中をまんべんなく探すことは、非効率的であるばかりか、不可能なことだ。そこで目的の山の中でも、これまで遭難が発生したことがある場所を、重点的に調べていくことになる。とはいえ、山の中でのアクシデントは予想外の場所で起きることも多い。遭難者はその場合、先例のない場所にいる可能性も十分あり得る。

一方、民間捜索隊はあらゆる情報を入手し、さまざまな可能性を考慮しつつ捜索範囲を絞り込む。たとえば本人のSNSやブログなどへの投稿もチェックし、その人なりの行動パターンを推定して、発見するための手がかりにする。

そして実際の捜索時には、スマートフォンにインストールしたＧＰＳアプリをフル活用。細かな地形の起伏もキャッチして、捜索地点の見落としを防ぐ。

さらに、ドローンの活用が進んでいるのも民間捜索隊の特徴だ。警察や消防とは異なり、捜索人数などが限られる分、より積極的に各種テクノロジーを活用し、遭難者の早期発見を目指しているという。

これら遭難者の救助、発見に役立つテクノロジーについては、第３章で詳細を解説する。

これからが期待できるウェアラブル

身体に装着した状態で使用し、装着した人の活動をサポートするウェアラブルコンピュータ。話題に上り始めたのは２０１３年頃だが、スマートフォンほど普及することはなく、現在に至っている。ただし一部には愛用している人もあり、おそらく今後は、登山者の間でも普及が進むのではないかと思われる。

ウェアラブルコンピュータはまだまだ発展途上で、さまざまなものが考案されている。そのなかでも最も普及しているのは腕に装着するタイプのもので、シンプルなものはバンド型の活動量計タイプだ。センサーが内蔵されていて万歩計のように歩数を計測したり、心拍数や、最新のものでは血圧を計測するものもある。あとは睡眠時間と睡眠の深さを自動で検知し、記録する。また上位機種であればGPSを内蔵していて、スマートフォンが手元になくても現在位置の記録ができる。

センサーが計測した数値は、データとしてあらかじめ専用アプリをインストールしたスマートフォンへ自動で転送。アプリ上でデータを解析し、消費カロリーの概算を計算したり、睡眠の質をチェックするなどして、健康に役立てるというのが主な利用法だ。

現時点では、あれば便利といった程度ではあるのだが、心拍数などが解るとペースの目安にもなり役に立つ。睡眠の記録も、体感的にはなかなか正確だ。健康状態に不安を持つ人ほど、利用価値は高いといえる。

さらに機能を追加した腕時計型、いわゆるスマートウォッチも登山で利用できる。キャッシュ型GPSアプリ『ヤマレコアプリ』はApple Watchに、『YAMAP』はカシオ製スマートウォッチにそれぞれ対応し、スマートフォンを取り出さなくても、手をかざすだけで腕のモニターで現在位置を表示した地図を確認できて便利だ。

これらウェアラブルコンピュータは、登山者よりもランナーへの普及が進んでいる。最新のものがシューズにセンサーを内蔵したスマートシューズだ。これによって、走っている最中の着地法や足の傾き、設地時間やペースなどを計測し、連動したスマートフォン上のアプリによって、ファニングフォームを分析、矯正することを目指すという。そういったものが、登山にも応用される日も近いかもしれない。

ウェアラブルコンピュータにはこれらセンサ機能をベースにしたもののほか、身に着けた利用者に情報を伝えるタイプのものもある。代表的なものはメガネ型のウェアラブルコンピュータだ。

メガネ型で最も知られているものはグーグルグラスだ。グラスを通して見ると、外の状況に文字や記号が重ね合わせられる形で、情報が表示される。現時点では一般向けには発売されていないが、今後普及が進む場合には、何らかの登山用アプリも開発されるに違いない。

現状では、これらウェアラブルコンピュータはスマートフォンとブルートゥースで接続して動作する、スマートフォンの付属機器といった位置づけだ。しかしこれから先、5G回線が普及することで、スマートフォンを介さずにあらゆるものにセンサが取り付けられる、IoTの技術が本格化してくることが予想される。その普及に伴って、現時点では予想のできない、新たな可能性が広がることも期待できるジャンルだ。そのような将来の展望については、第4章で記す。

テクノロジーを活用し、よりよい登山を目指す

自然の中に入り込んで、知力と体力とを駆使して行なう登山。そこで先進的なテクノロジーを活用していくことには、ある面で相容れないものがあるのは事実だ。何かどこかで、反則をしているような後ろめたさを感じてしまうのだ。特に、私のようにインターネットやスマートフォンが普及する以前から登山に取り組んでいた人ほど、そういう思いは強いだろう。例え視界が悪くても、感覚を研ぎすませてわずかな地形の変化を察知。それを元に読図力とコンパスワークでナビゲーションを行なうことは、登山技術の真髄の一つでもあったからだ。

以前は、自分の登山の成果を声高に発表することも、あまりよくは思われなかった。たとえば冬の赤岳を登ったとしても、山岳会の集会の席上で、控えめに、かつ事務的に報告するだけだ。世の中にはもっと凄い登山家がいるのだ。自分自身のささやかな目標達成を、自慢げに口するのは愚かなことと思われていて、皆自分の胸の中に静かに喜びをとどめておくだけだった。

山の情報も、簡単には手に入らないからこそ価値があった。知られていないマイナールートなどは、古い書物や昔の雑誌をていねいに調べあげて発見し、ノートに書き記すなどした。なかなか簡単には知ることのできない、そういった情報を数多く持っている登山者は仲間から尊敬を集めたものだ。

けれどもそのような考えは、今や過去のものだ。

都市生活においては、今やテクノロジーを切り離して活動することは考えられない。そういった、テクノロジーから離れられなくなった人々が山に向かうことにより、本来は相容れないものだった登山が、いわばテクノロジーに侵食されているようにも思えたのがこの10年ほどの状況だ。

とはいえ、ここまで見てきたとおり、テクノロジーの発達によって解ったこと、便利になったことは数多い。特に、先鋭的な登山や冒険を目指すのではない、一般の登山者にとってはその恩恵は大きい。

山は本来、非常に危険な側面を持つ。登山を続けるかぎり、どのようなアクシデントに遭遇するか予測はできない。そしてそれらを防ぎ、遭遇したときに対処するためには、使えるものは何でも使うという姿勢が大切ではないだろうか？　さまざまな先進的なテクノロジーも例外ではなく、むしろ積極的に活用したほうが、より多くの知識を得られるうえ、安全だ。

そして情報発信にも、さまざまなスタイルや立場の人がいてもいい。確実なものは、編集され、複数の人のチェックを受けたものということになる。しかしそうではない、率直な意見や感想の中にも、有益なものはある。結局、読み手側でどういうものかを判断すればよいことだ。

コミュニケーションもさまざまな手段があるのは、よいことだ。ほかの登山者の活動を知り、共感する気持ちを持つことは、より登山の楽しみを広げることに結びつく。ＳＮＳ登場以前の、閉塞感すら感じられた登山の世界を記憶する立場からすると、皆が自由に発言し、喜びを伝え合える今のほうが、健全な登山の姿にも思える。

インターネットの普及以降、さまざまなテクノロジーが普及したことで、登山者は少しずつ様変わりした。その結果、以前は見られなかった問題や弊害が生じるようにはなった。しかし、テクノロジーを活用するうちに、できること、できないことが明らかになってきた。現在の登山者は、テクノロジーに振り回されることなく、よりよい活用法を見出しつつあるステージにいるのではないだろうか。

第2章

登山者の行動をサポートするために進化するテクノロジー

日常生活を便利にするテクノロジーが登山もサポート

次から次へと登場する最新テクノロジーと、それを活用した各種のツールは、私たちの生活をより便利なものに変えてきた。登山者も、生活を便利にするために考えられたツールによって助けられている部分は多い。

まず、乗り換え案内系のアプリやウェブサイトが登場したことで、山に出向くまでのアクセスを考えるのが、楽になった。以前は公共交通機関を使う場合は、分厚い時刻表で電車とバスの時刻や運賃を調べなければならなかった。遠隔地に向かうときなどは、途中の乗り換えは本当に可能なのか、確かめるのは一苦労だった。地方のバスなどは、季節運行の状況などがはっきりつかめないことも多かった。それが今は、出発地と行き先、それに日時を入力すれば複数の候補を瞬時に表示。その場で予約することも可能になった。バスの季節運行状況も、検索すればすぐに解る。

車でのアクセスも、カーナビやGoogleマップがあることで助けられている。以前は車の助手席に座る者は、ナビゲーション役だった。走行中は道路地図のページを次々とめくりながら、運転手に進路を伝えるのだ。道が複数選べるときは、どのルートがよいのかを正確に知ることはできず、なんとなく勘で選んでいた。カーナビが普及した今では、考えられない状況だ。

天気予報も進化した。15年ほど前までは、NHKのラジオ第2放送が1日3回放送する気象通報を聞き取って、手で天気図を書くことが登山者必須の技術とされていた。しかもそれで出来上がる天気図は数時間前のものだ。しかし、それをもとに必死に考えて、翌日や翌々日の予想を、登山者自身で行なっていたのだ。

現在は週間予報はまだ精度が低いものの、翌日や翌々日の天気予報はかなり正確だ。そして当日の降雨、特に数時間先のものはウェブサイト上の「雨雲レーダー」でほぼ完全に知ることができる。さらに山岳専門の天気予報も、インターネット上で提供されている。

そのほか、山麓に前泊する場合の宿泊施設の予約や、下山後の入浴、食事なども、専用アプリやウェブサイトを使って、スマートフォンですぐに検索できる。しかも、利用した先人の評価も見られるので、店選びでの失敗も少ない。

国内の山だけでなく、海外登山をする人にとってもメリットは大きい。私は2015年にアメリカ合衆国ワシントン州のレーニア山に登山したが、この山は事前に国立公園の立ち入り許可と、それとは別に登山許可の取得が必要となる。それらも事前にウェブサイト上の申請ページにアクセスし、日本国内で完全に手続きが可能だった。

また２０１９年に韓国の道峰山から北漢山へ縦走した際には、Google翻訳に助けられた。判読が困難なハングル文字で記された標識も、カメラで撮影するとほぼ正確に翻訳される。また街なかの移動時にもGoogleマップで現在位置が完全に把握でき、不安を感じることはなかった。

もっと本格的に未知を求める、登山家や探検家たちにとっても、Googleマップでの現地の調査は欠かせないという。中にはGoogleマップ上で発見したヒマラヤの氷河湖が人跡未踏だったことを知り、そこを踏査したという登山家もいる。

今や近郊の山のハイカーからエキスパートまで、テクノロジーの恩恵は大きなものになっている。

速やかな情報伝達を目指すためのさまざまな試み

夏の山小屋の営業状況や、登山道の整備の状態など、登山者が知りたいと考える山の最新情報は多い。ここからは、そのような情報をできるだけリアルタイムに近いタイミングで登山者に伝えるためのさまざまな試みと、その移り変わりについて見ていこう。

前章で述べたように、山の情報を伝えるうえでは基本的なメディアとなる、雑誌や書籍には即時に情報を伝えることができないという弱点があった。

しかし、インターネットが存在しなかった時代の登山者たちも、必要な情報はなんとかして早く入手したい、という要望は持っていた。

山と溪谷社ではその要望に応えるため、月刊誌『山と溪谷』とは別に、夏山や秋山など、主にシーズンものの情報を伝えることを目的とした『山溪情報版』を発行していた時期がある。週刊誌のような中綴じタイプの雑誌で、1990年前後の頃だ。

ただし『山溪情報版』も紙メディアであることに変わりはなく、最新情報を伝えるとはいいつつも、どうしてもタイムラグが生じた。そこで利用されたのは、電話回線を利用した情報発信だった。山小屋や登山道の状況などを、登録者にファクシミリ（FAX）で送信したり、ダイヤルQ2という情報料金を付加した電話サービス上で音声で伝えることを、90年代半ばに山と溪谷社で行なっていた。

1990年代後半からインターネットの普及が進むと、そういったサービスはすべて姿を消した。もはやウェブサイトの利便性と手軽さに勝るものはない。

ウェブサイトは誰もが自由に作成できるものであり、前章で見たように個人でも作成、公開できる。もちろん個人に限らず、自治体やその下部組織となる観光協会、ビジターセンターなどの公共団体が公開するウェブサイトも多い。そして山岳地帯や、低山であっても人気の山、知名度が低くても地元で観光に役立てたいと考える山がある場合は、それら公共団体のウェブサイトに登山地情報が掲載されることが、次第に一般的になってきた。これらはほとんどが、その山に関わりのある人たちが発信する一次情報であり、信頼性は高い。取り上げられるのは地元がPRしたい、基本的には整備の行き届いた山に限られるが、登山者としては必ずチェックしておきたい、有力な情報元となった。

それらのウェブサイトが、利用や閲覧がしやすいかというと、実はそうでない場合も多い。いずれも登山専用に作られているわけではなく、観光情報など、登山には関係ないほかの情報とセットになっているためだ。場合によっては、見たいページにたどり着くまでに、何度もリンクのクリックが必要だったりもする。そしてそもそも、情報を知りたい山のページが存在しない場合もあり得る。

もちろん、山の情報だけをもっと網羅的に知りたいという要望もあった。それに応えるような形で開設されたのが、やはり山と溪谷社による『ヤマケイオンライン』だ。登山者のための各種情報を、日々更新している、登山のポータルサイトと呼べるウェブサイトだ。

トップページを開くと、ほぼ中央に「総合」「現地最新」「ニュース」「コラム」の4つのタブがあり、それぞれのテーマに沿った記事を閲覧できる。最新の登山地情報を見るには「現地最新」に続けて「現地最新情報」をクリック。すると好みのエリアを選ぶことができ、リンク先から山小屋やビジターセンターなどが伝える最新情報が閲覧可能だ。ほかにも宿泊施設やショップ、メーカーなどの情報やデータが充実している。

さらに登山計画を立案するためのシステムや、山行記録を共有する機能も持つが、これらについてはＰ71以降で詳細を記す。

同様の登山のためのポータルサイト的なものには、株式会社スペースキーが運営する『YAMAHACK』、株式会社ヨンロクニが運営する『Akimama』といったウェブサイトがあり、主に初心者向けのノウハウや、登山用品などの情報を配信している。

登山者同士の情報交換の手段

以前は登山者同士の交流の場というのも、ごく限られていた。それでも山岳会などの山のグループに所属すれば、数十人規模の仲間を持つことはできた。しかし今でいう、山岳会に所属しない未組織登山者の場合、誰もがほぼ孤立していたはずだ。インターネットの普及以前にも、パソコン通信で交流する登山者は存在したが、決してその数は多くはなかった。

インターネットの普及以降は、ウェブサイト閲覧以外の基本的な機能として電子メールが使えるようになった。１９９０年代の後半から２０００年代の前半頃までは、この電子メールが積極的に活用された時代だった。電子メールは基本は発信者と、発信者が指定した受信者との間のやり取りになるのだが、特定のアドレスに電子メールを送信することで、登録者全員が受信できるメーリングリストが使われるようになったのだ。特に活発だったのが、P42で述べたARIアルパインクラブの有持真人氏が管理していた『アルパインクライミングメーリングリスト』、通称『ACML』だった。

今から約20年前のその当時は、若い登山者の間でアルパインクライミングが盛んだった。谷川岳の一ノ倉沢や、穂高の屏風岩などの人気ルートでは、週末には順番待ちの長蛇の列ができるほどだったのだ。アルパインクライミングでは、山の状況、特に冬期から残雪期にかけて目指す氷雪ルートでは、雪や氷の状態が登れるか登れないか、安全か危険かを左右する。そしてそういった雪や氷の状態は、刻々と変化していく。ACMLの登録者は、実際にルートを登った後に、雪や氷、そのほかの状態を『ACML』のメールアドレスに送信。するとそのメールは登録者全員に配信されて、各自が必要に応じてその投稿内容を自分の次の山行に役立てる、というやりとりがされていた。

ただしメーリングリストに送信できるのは、基本は文章のみ。当時は今と違って通信速度は遅く、写真の添付も可能ではあったが、受信するのに時間がかかるメンバーもいてあまり好まれなかった。

ＳＮＳが普及した現在からすると原始的だが、当時は多くの人がこのＡＣＭＬを重宝していた。その一方で、たとえば冬のアイスクライミングの時期、ＡＣＭＬに氷の状態がよいという投稿があると、次の週末はそのエリアが混雑するというような、ネット情報に起因する一極集中がもたらす弊害も、この頃から感じるようになった。

メーリングリストのシステムは、山岳会の連絡にも活用されていった。それ以前は山岳会に入ると電話連絡網に組み込まれ、何か急ぎの連絡事項があると、伝言ゲームのようにその内容を電話での口頭で伝えていたものだ。時間はかかるし、正確さが損なわれる場合もあったので、メーリングリストにはずいぶんと助けられた。

現在でも、かつての活気には乏しいものの山岳会は存在するし、メーリングリストを活用している山岳会もある。ただしメーリングリストは管理者が必要で、運用するためには相応に知識と労力が必要だ。ＡＣＭＬのような公開メーリングリストは役目を終え、山岳会の連絡など非公開メーリングリストは、LINEグループなどに置き換わってきているのが実情だ。

電子メールを使った情報をやりとりする方法としては、メールマガジンという方法もある。これは発信者が登録者に一方的にメールで情報を送信するもので、メーリングリストとは違って相互のやりとりはできない。

山と溪谷社でも、前に述べたように『週刊ヤマケイ』というメールマガジンを6年以上に渡って配信していた。シンプルながらも読みやすく編集されていて、クオリティは高かった。ただし電子メールは、通信速度が著しく速くなった今でも、テキストを中心したシンプルなものが好まれる傾向がある。最近はP72で紹介するヤマレコ配信の、まるで『週刊ヤマケイ』をもじったようなタイトルの『週刊ヤマレコ』や、ヤマケイオンラインの更新情報を伝える『ヤマケイオンラインニュース』が、一定数の読者を持つ状況だ。

双方向型の情報交換の手段としては、電子掲示板もある。ウェブサイト上のページとして設置されることが多く、情報交換のほか、議論的なやりとりがされることもある。小規模なものも多いが、なかには『5ちゃんねる（旧2ちゃんねる）』のような大規模なものもあり、登山に関する情報もやりとりされている。ただし多くの場合、投稿には匿名の「ハンドルネーム」を用いるため、その内容は無責任なものになりがちだ。

登山専用の電子掲示板をメインに置いたサービスには、株式会社Sherpa&Companyが運営する『Sherpa』がある。Q＆Aを中心としたもので、回答は山岳ガイドなどの専門家が実名で行なうため、質の高いやりとりが交わされている。

コミュニケーションの幅を広げたSNS

メーリングリストや電子掲示板も、それ以前にはなかったとても便利な情報交換のシステムではあった。しかし不要なメールが受信トレイにたまっていったり、メンバー同士でケンカに近い不毛なやりとりが始まった場合に、それがほかのメンバーにも伝わってしまうなど、やっかいさを感じる面もあった。

その不便さを補うような形で利用が広まった、双方向型の情報交換を行なうためのサービスがソーシャル・ネットワーキング・サービス（SNS）だ。SNSはメーリングリストとは違い、プロフィール機能があるため、自分がどのような人物かを表現しやすい。基本はタイムラインという表示状態で複数の人の投稿を流れるようにひとまとめに見るので、見るべきものがたまることはない。もちろん個人ごとの投稿を見ることも可能だ。また電子メールのように、SNS上で個人、または特定のメンバーを選び、直接メッセージをやり取りする機能も持つ。ウェブサイトで利用できるほか、スマートフォンとの相性がよく、アプリの形でも利用できる。

Twitterは2008年に日本でのサービスが始まった、文章と画像、動画を投稿できるSNS。投稿はツイートと呼ばれ、全角文字の場合は140文字以内に限られるが、その分手軽だ。特定の相手のアカウントをフォローすることで、それらのツイートをタイムラインに表示できる。今や説明の必要がないくらい、多くの人々に利用されているが、匿名で利用する人が多く、その割合は8割以上だという。文字量が少ないことから投稿は手軽であり、リツイートという方法で興味のある投稿を拡散することもできる。情報の伝わるスピードは速く、ニュース系の情報を知るには便利だ。上手に活用するためには、フォローするアカウントの選択が重要だが、フォローもフォロー解除も手軽なので、いろいろ試してみるといい。アカウントを持つ有名登山家もいるので、フォローするとその人の動向を知ることもできる。またアマチュア山岳写真家が、美しい写真を投稿することも多く、そういった面でも楽しめる。

Facebookは世界最大のSNSで、やはり2008年から日本でも利用できるようになった。こちらはTwitterとは異なって、実社会でのコミュニケーションを補うことを目的としていて、実名や実社会でのプロフィールの登録が義務付けられている。フォローは「友達申請」という方法で行なう。多くは直接会ったことのある人や、知人の友人といったつながりになる。そのために無責任な投稿は少ない。投稿は文章だけでも可能だが、写真や動画を添えて投稿するユーザーが多い。投稿内容は、日々のちょっとした楽しい出来事など、ポジティブなイメージのものが注目されやすい。登山者の利用も多く、投稿の中ではそれら登山者のものは、特に多くの人の目を引く傾向がある。美しい山の写真と、素晴らしい体験を綴った文章には、誰しも共感を覚えるのだろう。

２０００年代の中頃は登山者の数は少なかったが、２００９年頃の山ガール人気、富士登山ブームで一気に増加した。その後も登山人気は急激に沈静化することなく、徐々に減ってはいるもののそれ以前より数は多い。その理由のひとつが、Facebookにあるように思える。山に登った人が、美しい写真を添えた魅力的な投稿をすることで、それを見た人が触発され、山に登ろうと考える。そういったサイクルが、Facebookのユーザーたちの間で、出来上がっていったのではないだろうか？

そのほか、２０１１年にサービスが始まったLINEは、テキストチャットを中心としたＳＮＳでコミュニケーションツールとして広く普及している。また２０１４年にサービスが始まったInstagramは写真共有のＳＮＳであり、やはり山の写真の投稿は、多くのユーザーの注目を集める傾向がある。

登山者向け主要5サービスを比較する

ここからは、完全に登山者のサポートに特化したサービスを見ていこう。サービスのプラットフォームは、ウェブサイトと、スマートフォンにインストールして使うキャッシュ型ＧＰＳアプリに分けられる。機能は主に登山計画書の作成と提出、ＧＰＳを使った登山記録とナビゲーション、山行報告の共有の3つに着目する。

同様のサービスがいくつかあるが、ここでは登山者向けの主要5サービスともいえる、『ヤマケイオンライン』『ヤマレコ』『YAMAP』『Geographica』『スーパー地形』の5つについて、機能ごとにそれぞれの特徴を比較する。

『ヤマケイオンライン』は株式会社山と溪谷社が運営するウェブサイトだ。Ｐ64でも述べたとおり、登山のポータルサイトとも呼ぶべきポジションにあると同時に、登山計画書の作成と山行報告の共有機能を持つ。概要については、山と溪谷社デジタル事業推進室の田中潤二氏にお話を伺った。

『ヤマレコ』は長野県松本市にある株式会社ヤマレコが運営するウェブサイトで、スマートフォン用のキャッシュ型ＧＰＳアプリ『ヤマレコ』も公開している。ウェブサイトでは登山計画書の作成と提出、山行報告の共有の機能がある。またアプリは登山計画書の作成と提出、ＧＰＳを使った登山記録とナビゲーション、山行報告の共有と多彩な機能を持つ。キャッチフレーズは、「また山に行きたくなる。山の記録を楽しく共有できる。」というもの。概要については、代表取締役の的場一峰氏にお話を伺った。なお、ウェブサイトとアプリでは、一部の機能が異なるが名前は同一だ。本書では以降は特にことわりのないかぎり、ウェブサイトのほうは「ヤマレコ」と記し、アプリのほうは「ヤマレコアプリ」と記して区別する。

『YAMAP』は福岡県福岡市に本社を持つ、株式会社ヤマップが公開するキャッシュ型GPSアプリで、登山計画書の作成、GPSを使った登山記録、山行報告の機能を持つ。またGPSを除いた以外はほぼ機能が同一の『YAMAP』ウェブサイトも運営する。キャッチフレーズは、「あたらしい山をつくろう。」というもの。概要については、代表取締役の春山慶彦氏にお話を伺った。こちらもウェブサイトとアプリ名前が同じだが、基本はアプリについて記し、必要に応じてウェブサイトについて記す。

『Geographica』はアプリケーション開発者の、松本圭司氏が公開するキャッシュ型GPSアプリで、GPSを使った登山記録とナビゲーション機能を持つ。概要は松本氏からお話を伺った。

『スーパー地形』は、3D風景&3D地図ソフトウェア『カシミール3D』を開発したことで知られるフリーソフト作家の、DAN杉本氏が公開するキャッシュ型GPSアプリで、やはりGPSを使った登山記録とナビゲーション機能を持つ。

利用料については、ヤマケイオンラインは完全に無料で利用可能だ。ヤマレコも基本は無料で利用可能だが、やや機能が制限される。今回は月額360円のプレミアムプランに登録して機能を確かめた。YAMAPも基本的な機能は無料で利用できる。ただしプレミアム会員は地図表示や3D軌跡マップなど機能が拡張されるため、今回は月額580円で会員登録して機能を確かめた。Geographicaは、無料では主要機能の回数制限があるため、料金1000円を支払って機能制限解除をした。こちらは1度限りの支払いだ。スーパー地形は、無料での試用期間が5日間に限られる。以降は主要機能が動作しなくなるため、料金750円を支払って機能制限解除をした。こちらは年額であり、継続して使用する場合は1年ごとの支払いが必要になる。

操作方法の確認には、Androidのスマートフォンを使用した。やや旧型となるASUS ZenFone 3と、最新型のXiaomi Mi Note 10で動作を試した。

省力化が進む登山計画書の作成と提出

登山計画書を作成する機能は、『ヤマケイオンライン』『ヤマレコ』『YAMAP』の3つのサービスが持つ。

ヤマケイオンラインで登山計画書を作る機能は、登山地図&計画マネージャ「ヤマタイム」だ。まずはウェブサイトで、無料の新規ユーザー登録をし、ログインすることで使用可能となる。

「ヤマタイム」は、ブラウザ上に、山と溪谷社が発行するガイドブック『アルペンガイド』の地図を表示。登山口から順にコースをクリックしていくことで、コース計画を立てるだけでなく、コースタイムの自動計算をするというものだ。ポイントごとに休憩時間を加算できるうえ、操作も解りやすい。コースタイムを合計するというのは、単純な計算ではあるものの面倒だ。このヤマタイムを使うことで、そういった手間を省くことができるばかりか計算も正確になる。登山者にとっては大きなメリットだ。

コースの作成後は、地図と行程表に加え、総距離や累積標高差、コースタイムなどが表示される。さらに「歩行時間」「総距離」「累積標高差」をもとにした「コース定数」も自動で表示されるのが特徴だ。このコース定数は、体力度の目安になるだけでなく、数値に自分の体重と装備の重さを合わせた数字をかけることで、予想消費カロリーと水分とを割り出すことができる指標だ。

さらに山域や登山日、装備などを編集することにより、登山計画書としての体裁は仕上がる。この時点での計画書は、ヤマケイオンラインのほかのユーザーと、メールで共有することが可能だ。

ここまではパソコン、スマートフォンのどちらでも操作できるが、ＰＤＦを作成するのはパソコンのみに限られる。登山届の提出は、そこで作成したＰＤＦをプリントアウトして登山口のポストに提出するか、でなければメニューの「登山届をメールで受け付けている自治体」をクリックし、受付可能な自治体に限り、添付ファイルの形で送ることになる。

ヤマレコでの登山計画書を作る機能は、ウェブサイトで行なう「ヤマプラ」と、ヤマレコアプリのメニューから行なう2つの方法があるが、ここでは「ヤマプラ」を紹介する。利用にはやはり、ウェブサイトでの新規ユーザー登録が必要だ。

「ヤマプラ」はブラウザ上に、昭文社が発行する登山地図『山と高原地図』を表示。あとは「ヤマタイム」と同様に、登山口から順にコースをクリックすることで、コース計画の立案とコースタイムの自動計算を行なう。やはり操作は解りやすく、表示されるのが多くの登山者が利用している『山と高原地図』なので扱いやすい。

コースが作成でき、保存を選択すると、「山行計画を作る／ＧＰＸ書き出し」のボタンが表示されるのでクリック。続けて山行計画の編集画面となり、いくつかの画面で必要事項を入力しつつ次のステップに進むと、下山連絡システムの画面になる。これは事前に家族などの連絡先を登録しておくことで、下山しなかった場合に連絡メールを送るシステムだ。

有料のプレミアムプランの場合は、その先の画面で『山と自然ネットワーク コンパス』で登山届を共有することまでができる。この『コンパス』については、第3章でとりあげる。またメールでの計画書を受け付ける自治体などには、フォームから送信することも可能だ。

YAMAPの場合は、アプリからの操作となる。アプリをダウンロードし、インストールした後は、まずはYAMAPに会員登録。登録終了後に、ログインをして利用可能となる。

コースを作るには、画面下の「のぼる」をタップ。すると現在地周辺の大雑把な地図が表示されるので、スクロールするか山名で検索をして、目的の山か、近くの代表的な山の付近を表示させる。そこで目的の山の上に表示されるピンをタップし、さらに地図をタップするとダウンロード画面になる。通常は上の無料地図をタップしてダウンロードする。ダウンロードされた地図は、あらかじめ設定されたそのエリアの名称で保存されている。

登山計画を作るには、その地図を開いた後に、メニューから「登山計画書を新規作成」をタップし、必要事項を入力する。その際、「行程を編集」をタップすることで、地図の画面がアクティブになり、ポイントをタップしていくことで、登山コースを入力する。それと同時に地図の下に、行程一覧が表示されていく。現時点では時間の計算機能はなく、すべて自分で計算した上での手入力となるが、２０２０年4月頃には自動での計算が可能になる見込みだ。さらに保存した地図をYAMAPに提出するという機能があるが、YAMAP経由で、同行者と緊急連絡先とに、登山計画が共有できるのみ。印刷は可能なので、現状ではそれを登山口のポストに提出することになる。なお特定の県では、２０２０年4月から5月頃には、YAMAP経由での登山届送信が可能になる予定だ。

道迷いを防ぐGPS

警察庁が毎年6月に発表する全国の山岳遭難の概況を見ると、最も多い登山者の遭難原因は道迷いだ。それに次ぐ多さの滑落や、数は少ないが転落も、詳細を調べると、道迷いの末に登山道ではない場所に踏み込んだことがきっかけで落ちたと思われる例もある。したがって、もっと確実に道迷いを防いでいくことができるのならば、遭難も大幅に減らしていくことが可能になるはずだ。

道迷いは登山道上のある地点で、道を間違えるところから始まる。間違えてもすぐに気づいて引き返せば問題ないが、気づかずにそのまま進んでしまうことで、道迷いの状況に陥ってしまう。しかし、道を間違えることを完全に防ぐのは難しい。地形そのものが間違えやすい形状になっていたり、残雪や落ち葉などで登山道が覆い隠されていることもあるからだ。したがって道迷いを防ぐためには、まず道を間違えないようにすることに加え、間違えた場合には、できるだけ早く気づく注意力や観察力を持つことが大切だ。

しかし多くの登山者は、そのことを十分に認識しているはずなのだが、それでも道に迷う。それは、そこまで歩くことに費やした労力を無駄にしたくないという気持ちや、引き返す場合の手間と時間を回避したいという考えが、判断力を誤らせることも影響している。疲労しているときなどは間違えている兆候が次々と目に入っても、希望的観測を持ち、逆に周囲の状況から間違えていない可能性を見つけ出してそのまま進む登山者もいる。

そのような場合は、地図を読んで現在位置を確かめるということが基本とされる。しかしランドマークが近くにないときや、視界が悪いときにはとても難しい。疲労度が大きいときには、地図からも間違っていない理由を必死に探し出すことすらある。

そういった状況で役立つテクノロジーが、ＧＰＳだ。

これを使えば現在位置が正確に示されるので、道を間違えた場合はひと目で解る。歩いた労力を無駄にしたくない気持ちがあっても、どれだけ疲れていたとしても、根拠のない希望的観測を排除して、冷静な対応策をとることが期待できる。数あるテクノロジーの中でも、最も登山者をサポートするために役立つのが、このＧＰＳだといえる。

現在、多くの登山用ＧＰＳアプリが存在するが、ここで紹介するサービスのなかでは、『ヤマレコ』『YAMAP』『Geographica』『スーパー地形』が、スマートフォンにインストールするアプリとしてGPS機能を使用したサービスを公開している。

キャッシュ型GPSアプリの概要

GPSアプリには、たとえばGoogleマップなどの一般的なものもあるが、登山で使うのは「キャッシュ型GPSアプリ」と呼ばれるタイプだ。キャッシュとは何かというと、地図のデータをあらかじめスマートフォンに保存しておくことをいう。日本の山岳地帯は、携帯電話の通話エリア外の箇所がほとんどだ。そういった圏外でも、画面に地図を表示できるようにするため、このキャッシュの機能は必須となる。一方、GPSの機能は携帯電話の通話エリア外であっても問題なく動作する。スマートフォンに内蔵されたGPS受信機と、上空のGPS衛星とのやりとりとなるためだ。

地図のデータは、基本は国土地理院のものを使う。これは256×256ピクセルの「タイル」と呼ばれる、座標が埋め込まれた地図画像だ。地図の精度は「ズームレベル」で示されて、ズームレベル「5」から「18」までが一般的に使われることが多く、数字が大きいほど精密だ。「13」の場合、紙の地図でいうと20万分の1の地勢図程度。一般的にキャッシュするズームレベルは、

2万5000分ノ1に当たる「16」を選択することが多い。数が大きいほど精密だが、その分必要となるタイル画像の枚数も増える。それによってキャッシュに要する時間も増え、スマートフォンのストレージの容量も消費する。十分な精度があって、取り扱いやすいのが「16」程度となる。

実際にキャッシュするときには、タイルの枚数が表示されるアプリがほとんどだ。枚数はその山行での移動範囲に左右されるが、日帰り登山であれば、ズームレベル「16」のタイルを、200枚から400枚分程度ダウンロードする場合が多い。

キャッシュ型GPSアプリは、iPhone、Androidともほぼ同一のものが用意されている。それぞれ、ストアからダウンロードしてインストール。あとは山行前に、目的のコースを含む地図をキャッシュ。登山当日には、スタートの直前にアプリを立ち上げることで、現在地を画面に表示できる。通常であれば、そこで自分が歩いた軌跡の記録をスタートさせる。それによって歩いたコースを後で画面上に表示させて振り返ることができるほか、さまざまな活用ができるようになるからだ。

この歩いた軌跡のことを「トラックログ」という。または「GPSログ」や、単に「トラック」と呼ばれることもある。

トラックログは、アプリの設定したタイミングでＧＰＳ衛星とやりとりして測位したポイントを結んだものだ。実際のデータはＸＭＬ形式であり、たとえば「メモ帳」などでも開くことのできるテキストファイルにすぎない。キャッシュ型ＧＰＳアプリを使っていると、「ＧＰＸ」や「ＫＭＬ」といった文字が出てくるが、これはトラックログの、保存形式の違いだ。「ＧＰＸ」が汎用性の高い、標準的な形式のＧＰＳデータで、「ＫＭＬ」は主にGoogleEarthで使用される形式。さらに『スーパー地形』や『カシミール３Ｄ』で使われる「ＧＤＢ」という形式もあるが、一般的には「ＧＰＸ」を使うようにすれば間違いない。このトラックログに文章と写真を添えることで、Ｐ97で述べるように『ヤマケイオンライン』や『ヤマレコ』、『YAMAP』といった山行記録共有サービスに、歩いたコースの地図を含めた記録を投稿することができるようになる。

機能充実したヤマレコアプリ

キャッシュ型ＧＰＳアプリは、早いものでは２０００年代の終わり頃には登場。個々のアプリはどんどん入れ替わりしているものの、すでに10年以上の歴史がある。最新のものは、単に地図に現在位置を表示して、トラックログを記録するということ以上の機能を持っている。

ここではまず、『ヤマレコ』が提供する「ヤマレコアプリ」の、使い方や特徴を見ていく。

ヤマレコはウェブサイトでの操作を基本としているが、スマートフォン上で動作するヤマレコアプリからも、ほぼ同等の操作が可能だ。まずはダウンロード、インストールし、アプリ上からヤマレコのアカウントにログインすることで、利用可能となる。

地図データのキャッシュは、「地図」メニューから「地図を追加」をタップすることで、山域ごとグループ分けをした地図タイルセットをダウンロードすることで行なう。

もうひとつ、計画書を作成すると同時に、必要な部分のタイルのみをダウンロードする方法もある。この場合は、トップページ右上のメニューから「計画書を書く」をタップ。上の検索ボックスに目的の山か登山口を入力し、表示されたら登山口から予定のコースをタップ。この操作は、地図が2万5000分ノ1地形であるものの、「ヤマプラ」と同様だ。それを繰り返して下山口に到達したら、行動予定をタップ。すると出発時刻と、ポイントごとに休憩時間を入力する画面となる。歩く時間は、平均的なコースタイムに対して倍率を設定できるようになっている。すべての数値を入れると、下山予想時刻も表示される。

その後は登山計画書の作成フォームに変わる。P76で記した内容と同一で、ヤマレコのプレミアムプランに登録していると、その画面から『コンパス』へ登山届を登録することも可能だ。続けて「この地図とルートをダウンロード」をクリックすると、地図のキャッシュが始まる。

無料プランでは、地図は2つしか保存できず、3つ目をダウンロードしようとすると、前の地図の削除が求められる。プレミアムプランでは地図の数に制限はない。

さらに右上のアクセスをタップすると、Googleマップで登山口までのアクセスを見ることができる。至れり尽くせりの機能だ。

実際の登山時には、登山口でヤマレコアプリを開き、メニューから作成した山行計画を選択してそれをタップ。するとキャッシュした地図が表示されるので、登山開始をタップしよう。現在地が青い丸で表示され、予定コースは青い線で表示される。同時にスマートフォンを向けた方向を、地図上に線で示すことも可能だ。これでどちらの方向に進めばよいかもはっきり知ることができる。

特筆すべきは、ここで表示される数値は、ヤマレコがこれまでのユーザーの歩行スピードから独自に計算した、オリジナルのコースタイムであることだ。

さらに「みんなの足跡」と呼ばれるオレンジの点は、やはりヤマレコユーザーが、今までに歩いた際の、トラックログの測位ポイントを表示している。多くのユーザーが歩いたところは点が密集して太くなり、コースであることが解る。まばらに点があるところは、おそらく登山道ではないバリエーションルートか、でなければ道を間違えた部分だということになる。これは14年間にもわたってユーザーのトラックログを蓄積してきたヤマレコならではの、登山におけるビッグデータ活用だ。

また設定により、指定した間隔で、時刻と標高、またはそのどちらかをスピーチさせる機能もある。さらにルートを外れた場合に音やバイブレーションで警告を出す、「ルート逸脱警告」を設定することも可能だ。

登山中は、右下にあるカメラマークをタップすることで、位置情報を記録した写真と、それとセットにするメモを残すこともできる。

登山を終了したら、下の停止マークをタップしてトラックログの記録を停止させる。プレミアムプランで登山届を『コンパス』で共有している場合は、ここで下山通知を出すかの確認となる。続けてそのままヤマレコの、山行記録の入力フォームへと進む。

単なるキャッシュ型GPSアプリではない、計画や記録、そして報告までがセットになった、とてもよく作り込まれた、使いやすいアプリに仕上がっている。

操作がシンプルなYAMAPアプリ

『YAMAP』は、2019年11月時点でダウンロード数150万件の、最もユーザーが多いキャッシュ型GPSアプリだ。比較的操作がわかりやすく、専門知識のない人でも扱いやすい。ストアからダウンロード、インストールしたら、最初はYAMAPのアカウントを作成。以降はそのアカウントにログインすることで、利用可能となる。

地図のキャッシュは、下の「のぼる」をタップ。すると現在地周辺の大雑把な地図が表示されるので、スクロールするか山名で検索をして、目的の山の付近を表示させる。赤のピンが記されたピークが、その付近の代表的な山であり、それをタップすることで山の上に表示されるピンをタップし、さらに地図をタップすると周辺の地図タイルセットのダウンロード画面になり、通常は上の無料地図をタップしてダウンロードする。キャッシュされた地図は、あらかじめ設定されたそのエリアの名称で保存されている。

ここまでの手順は、P77で見た、登山計画書を作る際の登山コースを作る手順と同じだ。あらかじめYAMAP上で登山コースを作っておけば、行動中に画面に表示されて、進路確認ができる。しかし登山コースや登山計画書を作っていない場合であっても、地図をキャッシュしておくだけで、キャッシュ型GPSアプリとしての機能はすべて利用できる。

実際の登山時は、登山口でYAMAPを立ち上げて、下の「のぼる」、「ダウンロード済み地図」と続けてタップ。キャッシュした地図を選択し、「のぼる」を選んで、下の「活動を開始」をタップするとトラックログの記録が始まる。現在位置は青い丸で、あらかじめ作っておいた場合は予定コースが、赤の線で示される。また右下の現在位置表示のマークをタップすると、現在位置が画面の中央となり、現在のスマートフォンの向きが青の三角で表示される。

画面下部の情報ウィンドウには、活動時間や標高、移動距離などを表示。上にスワイプさせることで、高低グラフを見ることもできる。逆に下にスワイプさせることで情報ウィンドウを非表示にし、画面全体に地図を表示させることも可能だ。

主要な登山道や人気の高い里山は、地図にコースタイムも記されている。こちらは「登山経験のある40代女性のペース」を基準に定めたものだという。

さらにプレミアム会員であれば「みんなの軌跡」として、以前にほかの人が登ったときのトラックログを、参考用として表示できる。ただしそのトラックログは、GPX形式であらかじめダウンロードし、保存しておく必要がある。

登山中は、右中央近くにあるカメラマークをタップすることで、位置情報を記録した写真を残すこともできる。一方標高などをスピーチする機能はない。またルートを逸脱した場合に警告を発する機能は、Android版では試験的に導入されていて、今後iPhoneでも使えるようになる見込みだ。

登山を終了したら情報ウィンドウを上にスワイプさせてから、下の「終了」をタップすると、終了処理がされる。

全体に、操作する箇所が少なくて、直感的に使いやすい。画面表示もすっきりしていて、洗練された印象があるアプリだ。

自由度が高いGeographica

『Geographica』はキャッシュ型GPSアプリに特化したもので、登山計画書の作成機能や登山記録の共有機能はなく、ログインの必要もない。アプリをダウンロードしてインストールすると、そのまま試用状態で使用できる。

Geographicaの地図のキャッシュ方法は、2通りある。ひとつはオンライン時に画面をスクロールするか、上部画面をスライドさせて検索ボックスに目的の山の名前を入力し、画面に目的のコースを表示。ここでコースを登山口から下山口まで閲覧することで、自動でキャッシュされる。気をつけたいのが縮尺で、見た目の状態でしかキャッシュされない。等高線を読みとれるほど拡大した状態と、全体把握のための広域の状態の両方を見ておくことが必要だ。

もうひとつは左上のメニューから、ツールの中の「一括キャッシュ」を選択。画面上に選択範囲を指定する四角形が表示されるので、その四隅をタップしつつ、必要範囲を選択する。その後、最大ズームレベルの選択となるが、P81で述べたように、一般的には[illegible]選択するといいだろう。

実際の登山時は登山口でアプリを立ち上げ、右のボタンの下から2番目をタップして新規ラックの記録を開始する。あとはトラックログを記録したタイミングで、「ピヨ、ピヨピヨ」と小鳥のさえずりのような音がするので、動作していることが解りやすい。スピーチ機能もあり、設定から「スピーチ内容」を選ぶことで、時刻や高度、歩行速度などを選んでスピーチさせることができる。

Android版では、「メニュー」、「ツール」、「コースダウンロード」とタップしてエリアを選択することで、事前に用意されたたルートを表示することもできる。しかし現時点では、有名山域の人気コース217件のみだ。よりGPSアプリの必要性が高まる、登山者の少ないコースに向かう場合やiPhoneユーザーは、自分でルートを作成するといい。

方法はまず、コース上にマーカーを登録していく。画面をスクロールさせて、中央の十字の部分に、登録したい地点を移動。そこで右ボタンの下から3番目のマーカー登録ボタンをタップすれば、名前や読みをつけたうえでマーカー登録ができる。このマーカーを、コース上のランドマークや分岐などに作っておき、メニューのツールから「地図からルート作成」を選択し、あとはマーカーを順にタップしていくことで、ルートを作ることができる。実際の登山時には、メニューからファイル、ルートと開いて好みのルート名の右にある、点を線でつないだマークをタップ。するとルート案内が始まって、次のマーカーまでの距離や標高差、到着予想時刻などのスピーチが始まる。まるで山でのカーナビのようで、未知のコースに向かうときにはとても重宝する。

さらにメニューの「ツール」、「計測」とタップし、コースをなぞるようにして「計測トラックログ」を作成することも可能だ。登山時には「ファイル」、「トラック」とタップしてこの計測トラックログを表示。表示したそのトラックログの線を長押しすることで、ロックオンができる。これはヤマレコアプリのルート逸脱を警告する機能と同じもので、作った計測トラックログのラインから外れると、音声とメッセージで警告してくれる。

現在位置は鋭角の三角形で示され、右のボタンの上から2番目をタップすることで地図を北を上にした表示にするか、または実際の方向に合わせた正置状態にするかを選択できる。…し

行動中は、右のボタンの上から3番目がオレンジのときは地図を自由に移動で…たタイミングで、て緑にすると画面の中央に現在位置が固定される。現在位置を画面中央に

右のボタンの下から3番目をタップすると現在位置を記録できるが、これも便利な機能だ。

Geographica はヤマレコアプリや YAMAP と比較すると、画面上の説明が少ない、事前の準備が必要になることは多い。ただし自由度は高く、一度使い方を理解すると、とても

地形表現が豊かなスーパー地形

『スーパー地形』はその名前のとおり、地形表現の機能が優れたキャッシュ型GPSアプリだ。ログインの必要はなく、アプリをダウンロードしてインストールすると、そのまま試用状態で使用できる。

スーパー地形は、P100で述べる Windows ソフト『カシミール3D』をスマートフォン上で使用できるようにしたものだ。指定した場所から目標の山が見えるのかを瞬時に調べる見通し判定や、パノラマ展望図の作成機能など、ほかのキャッシュ型GPSアプリにはない機能を持つ。特にパノラマ展望図では、日時を細かく指定して、太陽や月の位置も表示できる。風景写真を撮影する人には、とても重宝する機能だ。また、執筆時点では iPhone のみだが、地形の3D表示機能もある。地図の種類も豊富だ。古地図や植生図、火山基本図など、さまざまな地図が表示できる。特にユニークなのは地質図で、これを選択すると、その地質についての解説

が表示される。

キャッシュには2種類あり、地図を表示させただけで自動的にキャッシュされるものと、指定した区画のすべての縮尺を一度にキャッシュする「一括ダウンロード」がある。「一括ダウンロード」は画面下部の「ツール」をタップして、「地図の一括ダウンロード」から行なう。「一括ダウンロード」でダウンロードできるのは、国土地理院の地図と標高データ、それにオリジナルの「スーパー地形データ」の3種のみ。それ以外の植生図や地質図などは、一度表示させることによりキャッシュできる。

実際の登山時は登山口でアプリを立ち上げ、画面下の「GPS」、「トラック（軌跡）の記録」と続けてタップすることで、新規トラックの記録を開始する。やはりスピーチ機能を持ち、設定から「音声案内」をタップし、時刻や高度などを選び、ナビを開始すればスピーチが始まる。

ルートの作成もできる。これも画面下の「GPS」から、「ルートの作成」をタップ。表示された地図上の、ルートを作りたい部分に適宜ポイントを追加していく。最後は終了をタップすると、ルート名を設定して保存する。登山時には、「GPS」から「ナビ」「ルートナビ」へとタップ。作ったルートを選択し、「ルートナビ」、「通常のルートナビ」とタップする。ナビが始まって、次のポイントまでの標高差や到着予想時刻などがスピーチされ、ルート案内には、ルート逸脱を警告する方法もある。画面下の「GPS」、「トラックの作成」と続けてタップ。表示された地図上の、トラックを作りたい部分に適宜ポイントを追加していく。最後は終了をタップすると、トラック名を設定して保存。登山時には、「GPS」から「トラック（軌跡）の一覧」をタップ。作ったトラックを選択し、「トラックナビ」、「通常のルートナビ」とタップすると、トラックに沿った案内が始まり、作ったトラックログのラインから外れると、警告してくれる。

現在位置は鋭角の三角形で示され、コンパスマークをタップすることで北を上にした表示、実際の方向に合わせた正置、自由に回転できる状態の3つを選択できる。

ここまで見たように機能は多彩で、キャッシュ型GPSアプリとしての完成度は最も高い。

使いやすいキャッシュ型GPSアプリはどれか？

ここまで、4つのキャッシュ型GPSアプリを紹介してきたが、果たしてどれを使うのがよいのか、迷う人は多いに違いない。

もしキャッシュ型GPSアプリを使うのが初めてであれば、使いやすいのは『YAMAP』だ。行きたい山を選び、詳細をタップすればその山の情報と、おすすめコースが表示される。画面下にはその近辺の山を登った人の活動日記も載っていて、参考になる。特に登山の初級者が、登る山とコースとを見つけながらステップアップしていくには、最適だろう。画面がすっきりして、メニューが少ないことも取り付きやすさを感じさせる。

ポピュラーな山だけでなく、さまざまな山をもっとアクティブに登りたいと考える人であれば、『ヤマレコアプリ』のほうが便利だろう。何といっても「みんなの足跡」は、確実にルートを見出して歩くためのとても強力なツールだ。少しマイナーなエリアやコースを目指したり、単独登山を行なう人には、道迷いを防ぐための、大きな助けになる。またスピーチ機能も効果的だ。

GPSの操作性そのものを重視するのであれば、最も使いやすいのは『Geographica』だろう。地図表示とGPSに特化した画面はシンプルで、等高線を読み取りやすい。ボタンは大きく、配列も絶妙で、寒さで手がかじかむようなときでも素早く操作できる。歩行中に手早くマーカー登録が行なえるのも重宝する。ルート作成はやや手間だが、ルート案内やスピーチ機能は強力だ。

『スーパー地形』はGPSアプリとしての基本機能だけでなく、見通し判定や、パノラマ展望図の作成ができる。写真や映像の撮影をする人や、地形や地質に対する関心を持つ人にはとても役立つに違いない。

私は今まで、この4つ以外にもいくつかのキャッシュ型GPSアプリを活用してきた。そのなかで最も愛用しているのは、Geographicaだ。アプリを立ち上げるとすぐ地図が表示されて、そのまま使うことができるシンプルで、ツールとして優れている。トラックログも、DropboxやGoogleドライブ経由で簡単にパソコンに転送でき、取り回ししやすい。

外国でも使いやすいのも魅力だ。OpenCycleMapという、海外地形の等高線を表示できる地図をキャッシュ可能なうえ、事前にルートを作ることができれば、国内と同様のルート案内が可能だ。

最近は、初めてのルートに行くときにはヤマレコアプリを使うことも多い。「みんなの足跡」がとても便利だからだ。バリエーションルートを目指すときには、Geographicaよりもヤマレコアプリをメインに使って行動することもある。

YAMAPを使う機会は少ないが、里山系の道が複雑な山では、メインで使うこともある。特にYAMAPがコース設定しているモデルコースを目指す場合は、これを使わなければ正しく歩くことはできない。

そして今、最も期待しているのがスーパー地形だ。単に『カシミール3D』のスマートフォン版というわけではなく、Geographicaに匹敵する機能を持つ。その上地形表示の幅が広くて、より深く山の状況を知るためにはとても有効なツールだ。

ここまで紹介した4つと、同じ程度に利用者が多いと思われるのが『山と高原地図アプリ』だ。これは昭文社が提供するもので、登山者ならば知らぬものはいない定番の登山地図『山と高原地図』をスマートフォンの画面上に表示、そこに現在位置を示すというもの。もちろんトラックログの記録も可能だ。

ヤマレコとの連携が進んでいるのも、山と高原地図アプリの特徴だ。ヤマレコのトップページでは、「ヤマプラ」という機能があり、画面上に表示した山と高原地図をクリックすることで、登山計画書を作る機能がある。それで作ったルートを、GPX形式のデータで書き出し、スマートフォンでダウンロード。それを山と高原地図アプリで開けば、画面上に表示できる。

またアプリの設定に「ヤマレコログイン設定」があり、それを設定しておくことで登山記録をヤマレコの投稿の下書きとして保存も可能だ。

この山と高原地図アプリはアプリそのものは無料、あとは東京都の高尾山の地図のみ、無料で利用できる。それ以外は紙の地図に準じたエリア分けがされ、1エリアの地図を500円で購入する。もう一つ、定額プランの『山と高原地図ホーダイ』というアプリも別に用意されていて、こちらは月額400円で全国すべてのエリアの地図を、自由に使うことができる。

キャッシュ型GPSアプリは、ほかにもいくつか存在する。今後、さらに進歩したこれまでとは異なる画期的なタイプが登場する可能性もあり、注目していきたいジャンルだ。

山行記録共有システム

P69では、登山者の利用も多いと思われるSNSについて述べた。いずれも文章、写真、動画の投稿ができるが、登山の記録を伝えるためには要素がひとつ欠けていた。それは地図だ。インターネットの活用が始まる以前から、山行記録を報告をする場合には、概念図や書き込みをした地形図を添えるのは必須ともいえることだった。私も2006年に始めたブログ上で、地図を載せたいと思ったことは何度かあったが、そのときはあまりよい方法が思いつかなかった。マウスを使ってコースの線を入れたGoogleマップを表示させたりしたこともあったが、使い勝手も見た目もいまひとつだった。

スマートフォンの普及が進む頃、その地図の表示が、あるウェブサイト上で可能となった。『ヤマレコ』だ。

ヤマレコに気づいたのは、少しマイナーな山の、できるだけ詳細なコースを知りたいと思い、あれこれ検索していたときのことだった。検索上位に表示されるのが、ヤマレコの記録が多かったからだ。おそらく、多くの登山者がそのように検索エンジン経由で、ヤマレコの存在を知るようになったのではないだろうか？

ヤマレコが開設されたのは、２００５年のこと。開発者の的場一峰氏は、それ以前に、所属する山岳会の会報をウェブ上で作成するシステムを作っていたという。それを一般の人が使えるようにゼロから作り直したシステムがヤマレコで、ページ内に表示した「Yahoo! 地図」に、ＧＰＳのトラックログが表示できるようになっていた。開設当時の利用者はごく少なかったそうだが、２００７年に『Yahoo! JAPAN』の「WEB API コンテスト」でグランプリを受賞したことをきっかけに、認知度がアップ。以降は年に2倍程度の割合でユーザーが増え続け、２０２０年2月では登録者は45万人、見るだけの人であれば１３０万人もの人がいる、登山者であれば誰もが知っているウェブサイトに成長した。

ヤマレコの名前は、「山の record（記録）」にちなんで命名されたという。その名前どおり、ページの中央にあるメインのコンテンツは、山行記録だ。山の名前、またはジャンルなどから条件を設定することで、数十万件の山行記録を検索できる、膨大な情報量を持つウェブサイトだ。

２０１３年からサービスが始まった『YAMAP』も、多くの登山者に利用されている山行記録共有システムだ。

こちらもトップ画面を見ると、まず表示されるのは活動日記という名前で共有されている山行記録だ。ヤマレコとの見た目の大きな違いは、広告的なバナーが一切ないこと。すっきりしていて、とても見やすい画面だ。アプリのダウンロード数は150万を超え、月間の投稿数も多い月では20万件を超えるという。機能はヤマレコほど豊富ではないが、厳選されている。初めてこういった山行記録共有システムを利用するのであれば、こちらのほうが使いやすいだろう。

もうひとつ、『ヤマケイオンライン』も「みんなの登山記録」という名前で山行記録共有システムがある。ただしヤマレコやYAMAPと異なり、ヤマケイオンラインはキャッシュ型GPSアプリを持っていない。そのためか、総投稿数も4万件を超える程度と少ない。

ヤマレコの山行記録は、ヤマレコアプリの「マイページ」から、投稿したいGPSログありの登山メモを選択し、必要事項を入力して投稿する。YAMAPもマイページから、投稿したい活動日記を選択し、必要事項を入力して投稿する。一方ヤマケイオンラインは、「マイページ」から「登山記録」のタブを選択。さらに「新規登録」をクリックし、「GPXアップロードから入力する」を選択肢、トラックログを送信してから必要事項を入力、投稿となる。ここで必要となるGPXファイルは、Geographicaやスーパー地形を使って保存したもののほか、ヤマレコアプリやYAMAPで記録したものも、いったんダウンロードしたうえで使用可能だ。ヤマレコアプリやYAMAPも、ヤマケイオンラインと同様に別途GPXを用意したうえで、ウェブサイトからの投稿も可能だ。

これら3つのシステムのどれがよいのかは、もはや好みの問題とは思うが、見やすいのはシンプルなYAMAPだろう。それぞれの山行記録ページのトップに大きく表示される、メイン写真のインパクトも大きい。しかし、情報量が豊富なのはヤマレコのほうで、地図の表示を変更できるほか、アクセスの記入欄も充実している。さらに歩くペースや、撮影したカメラの機種まで自動で表示される。そしてその投稿の妥当性を知るために、投稿者の山岳に関係する資格や、所属山岳会なども閲覧可能になっていて念入りだ。ヤマケイオンラインは、その中間、といった印象を受ける。

表示の見やすさや内容以上に異なるのは、コメントだ。YAMAPのコメントのやりとりは気軽に声をかけ合う、といった印象だ。ヤマレコのほうは、もっと投稿者の登山内容に踏み込んで、考えて書き込む傾向があるように感じる。一方ヤマケイオンラインでは、コメントでのやり取りは少ない。

投稿者の数は、ヤマケイオンラインがおそらく最も少ないと推測される。それに対して、ヤマレコとYAMAPは、正式な数は不詳だがほぼ同じでは、という印象だ。身の回りの山好きの人に聞いても、それぞれを使っているという人はほぼ同数。さらに両方とも使っているという人も、少なくなかった。そういった人の何人かに確かめたところ、閲覧時の使い分けは、山の情報を深く知りたいときはヤマレコ、山のことで楽しくやりとりできる友達がいるのは、YAMAPだという答えが多かった。

同様のものとはいえ、方向性を変えて多様なニーズに応えるサービスがあるということは、登山者にとってのメリットは大きいといえる。

カシミール3Dによるトラックログの活用

ここまで、登山者をサポートする主要な5つのサービスを見てきたが、もうひとつ忘れてはいけない、登山者向けのソフトウェアがある。キャッシュ型GPSアプリ『スーパー地形』のベースとなった、『カシミール3D』だ。

カシミール3Dは、Windowsのパソコンで動作するフリーソフトだ。3D表示をせずに、国土地理院の地図を表示させて使うだけならば、料金は必要ない。3Dでの地形表示や、見通し判定機能を使う場合には、標高データの入った「山旅倶楽部」の地図や、「スーパー地形セット」という地図データを別途購入する必要がある。

3D表示をせずにカシミール3Dを使う理由は、キャッシュ型GPSアプリで記録したトラックログを取り扱うためだ。

登山中に記録したトラックログには、さまざまな活用法がある。

まずは自分自身のスマートフォンで見て、確かめるという方法だ。また前のページで見たように、『ヤマレコ』や『YAMAP』『ヤマケイオンライン』にアップロードしての、山行記録にも使う。さらにそのトラックログを転用して計画書を作成したり、行動中のコース表示にしたりするという、次の登山に活用する方法もある。

そしてパソコンに取り込む方法がある。『Geographica』を例に上げると、記録したトラックログはDoropboxやGoogleドライブなどを経由することでパソコンに取り込める。保存形式は、KMLとGPXの2つ。KMLは主に『Google Earth』での表示に使う。汎用性が高くさまざまな活用ができるのは、GPXのほうだ。そのGPXを活用するための定番のソフトウェアが、カシミール3Dだ。

カシミール3Dがインストールされたパソコンで、取り込んだGPXファイルをダブルクリックするとカシミール3Dが起動し、歩いたコースが地図に表示される。そのコース上で右クリックし、「編集(トラックエディタ)」を選択すると、別ウィンドウで高低グラフと、トラックログを記録した各ポイントの情報が表示される。これでアップダウンの度合いを見るだけでなく、高低グラフか地図に示される人型マークをスライドさせることで、各ポイントの座標、標高や通過時刻を知ることができる。

そのコース上に、その日に撮影した写真を、撮影した場所に配置することも可能だ。まず、場所を調べたい写真を特定のフォルダに入れておく。次にカシミール3Dの右のメニューから、デジカメプラグインを起動。デジカメプラグインのブラウザから写真を入れたフォルダを指定し、写真データをまとめて選択して「GPSデータから位置を推定する」のボタンを押すと、それぞれの写真が瞬時に撮影した場所に移動する。これは写真データが含む、時間データを照合して配置するので、事前にカメラ側の時間合わせが必要だ。しかしそのことに気をつけておけば、かなり正確に位置が解る。

私は、山岳雑誌などにコースガイドを執筆する機会も多い。以前は記事を書くための取材時には、行動中に立ち止まってA6のノートにメモをとっていた。しかし急ぐときはノートを開く時間も惜しいし、悪天候で書けないこともある。しかも、歩きながらのメモは不正確だったり、字が乱れたりして後で判読できないことも多かった。

現在は、メモを残すことはほぼなくなった。すべて写真で済ませるのだ。ＧＰＳを内蔵したアウトドア用のカメラは、画質が劣るため取材時には使わない。ＧＰＳを内蔵していないデジタル一眼レフで撮影し、その画像の位置をカシミール３Ｄのデジカメプラグインで確かめている。

取材時にはあらかじめ、休憩適地や危険箇所などを示す手の形を決めておく。行動中に記録しておきたい休憩場所が現われたら、手を決めた形にして、その場で撮影する。そうやって、危険箇所や道迷いポイントも決めて撮影しておき、それらの写真を後でカシミール３Ｄで表示すれば、すべて撮影場所が示される。デジカメプラグインでは動画の位置も示せるので、手の形では表現できない込み入った内容は短い動画を撮影し、必要な事項をしゃべるようにしている。

Geographica のマーカー登録でも位置は記録できるのだが、手早く、より多くの情報を残すには写真を使ったほうが手軽だ。

さらにカシミール３Ｄでは有料の地図データを使うことで、あらゆる場所から見たとてもリアルな３Ｄ画像を作成できる。それで山座同定ができるほか、日時を指定したうえで太陽と月も表示できる。山の中での日の出や、日没のポジションをあらかじめ知ることも可能だ。また、

2点間を結んだ見通し判定機能は、目的の山が見える場所などを素早く知ることができるので大変に重宝する。非常に機能が豊富で使いこなすにはある程度熟練を要するが、登山者であればぜひ活用したいソフトウェアだ。

このカシミール3Dの難点が、Windows版しか存在しないことだ。Macintoshの場合は、「TrailNote」というフリーソフトがあるので、それを使うのがいい。3D機能はないが、トラックログの操作は十分可能だ。

AR技術に期待をした山座同定アプリ

キャッシュ型GPSアプリと並んで、スマートフォンと相性がよいのではないかと思われたのが、山座同定アプリだ。

山座同定は、なかなか難しい。まずは目立つ山の姿を覚えて、あとはそれをランドマークとして左右の山々を判断していくが、重なりや距離感がつかめず、遠くの山と近くの山の区別ができないことも多い。そこでプレート式コンパスを使って方角を確かめ、それを地図上の現在位置に当て、延長線上の山を調べるのだが、山が入り組んでいたり遠かったりすると、それでも判然としない。

私は普段はガイドの仕事をしていて、見える山は何かと聞かれることはとても多い。山座同定が難しそうな山に行く場合は、展望スポットで見える山々をあらかじめカシミール3Dの、「カシバード」の機能を使って撮影。それをプリントアウトして、持ち歩くことも多かった。

スマートフォンが普及して間もなく、拡張現実（Augmented Reality、略して一般には「AR」と呼ばれる）の技術を使った山座同定アプリが発表された。ARとは、簡単に言うと現実の世界に重ね合わせて、情報を提示する技術だ。スマートフォンに内蔵される、GPSと加速度センサー、磁気コンパスが、スマートフォンのカメラを向けた方向を測定。そのカメラを使ってスマートフォンのディスプレイに表示した実際の山の風景に、山の名前を重ねることが試みられた。けれどもその頃のAR技術を使った山座同定アプリでは、うまく同定できなかった。スマートフォンのセンサーの問題なのか、見えている山と30度ほどもずれていることが多かった。しかも少しスマートフォンを動かすと、画面もグラグラと揺れ続けて見にくい。表示される山名にも、納得のいかないこともあった。そのアプリに対する期待は大きかったので、とても残念だった。

その後使うようになったのが、Android専用の『山座同定ナビ』だ。これもGPSと加速度センサー、磁気コンパスを利用しているが、ARではなく、山の方向に向けて「山座撮影」ボタンをタップ。するとあらかじめダウンロードしたデータをもとに、山の形が線画で表わされて、そこに山名が示される。画面は「山座撮影」をタップした、その瞬間で固定するので、揺れ動くことはない。シンプルで使いやすく、山名も解りやすくて重宝している。

最近は主に『PeakFinder』を使っている。これは線画とＡＲの、両方のよいところを取り入れたアプリだ。起動して、最初は山を線画で表示。その後、カメラボタンをタップして画面上に実際の景色も表示させ、線画を指でスライド。両方を重ね合わせて、固定するというものだ。山のデータは事前に一括でキャッシュするため、携帯電話エリア外でも問題なく使用可能。しかも、データは全世界の山を収録しているという。まだ海外では使っていないが、ぜひ試してみたいと思っている。アプリは６１０円と有料で、試用版はない。

山座同定に似た機能を持つものに、『頂』という山岳立体マップアプリもある。自由に視点を変えて山の写真を閲覧できるもので、山座同定に役立つほか、登山コースの確認などに役立つ。現時点ではカバーしている山域が北アルプスの主要エリアと富士山、八ヶ岳、奥多摩に限られているが、画面のブレなどがないことから、山座同定アプリよりも画面は見やすい。なによりも見て触って、とても楽しめるアプリだ。山のデータはエリアごとで１３００円ずつと有料だが、北アルプスの立山のみ、無料で利用できる。

また山座同定と同じように、花の名前をスマートフォンのアプリで知ることができるのでは、とも期待した。しかしこれは、さらに難しい。同じような色や形をしている花は、木だったり草だったりと、さまざまあるからだ。現時点での植物判定アプリでも、ツバキやバラといった程度の簡単な判定は可能だ。けれども登山中に気になった珍しい花の名前を調べる、といった使い方ができるようになるまでには、まだまだ時間がかかりそうだ。

登山者をサポートするそのほかのテクノロジー

ここまでは、直接登山者をサポートするウェブサイトとスマートフォンアプリなどを見てきたが、ほかにもインターネットやテクノロジーが発達したことで、登山者にもたらされたメリットは多い。

メーカー、ショップなどのウェブサイトの充実がそのひとつだ。最新商品の情報がいち早く入手できるほか、オンラインストアでの買い物も可能となった。出版社も同様で、新刊情報を知り、またオンラインでの書籍の購入もできる。

その書籍については、電子書籍化が進んだ。書籍は買うときはいいが、読み終えてからの取り扱いに困る。保存しておくと場所をとる一方だし、処分するにも手間がかかる。それが電子書籍では、一切場所をとることがない。

特に、Amazonの『Kindle Paper White』という電子書籍リーダーは重宝する。電池の持ちがよく、フル充電後は2週間くらいは充電なしで使用できる。スマートフォンより画面が大きくて読みやすいのもいい。しかも、大量の本のデータを持ち歩ける。文章中心の本であれば、優に1000冊以上は保存できる。私は読書好きだが、長期山行に出向く場合は厳選して1冊の本を持つ、ということが多かった。それがKindle Paper Whiteを使うことで、選ぶ必要がなくなって嬉しい。

山小屋のウェブサイトも充実してきた。シーズン中は最新情報が適宜発信されるため、その小屋を利用する人だけでなく、近くの山に向かう人にも、とても役立っているはずだ。

また、山小屋によってはスタッフがブログや、Facebookページで、現場のより詳細かつ率直な状況を伝える例も多い。ときには遭難や、遭難を起こしそうな危ない登山者に対する辛口の意見が書かれることもあるが、そういったものこそ、多くの人に役立つものだといえるだろう。

さらに一部の山小屋では混雑予想を掲示したり、オンライン上で予約を受け付けるところもある。山小屋を利用する側の立場からすると、山小屋の予約、特に夏山ハイシーズンはなかなか電話が通じないことも多く、手間どることが多い。それがオンラインでできるのであれば、手早く、間違いなくできるので便利だ。山小屋そのものは、通信回線の不便なところにあるものがほとんどで、システム管理などのそれまでにない費用負担や、新しい労力が生じるので簡単に予約のオンライン化はできないだろう。それでも可能なところから少しずつ、このようなオンライン予約が広まってほしいと思う。

山岳保険や、それと同様の遭難対策制度なども、オンライン上での手続きに対応するところがほとんどだ。スマートフォン上での手続きも可能な、1日から利用できる保険もあり、とても便利になっている。

山がテーマの実用的な動画もある

インターネットでは、動画も充実している。無料で多彩な動画を見ることができるのはやはり『YouTube』で、登山に関するものも数多い。

最も多いのが登山中の様子を撮影したもので、山の景色だけでなく、実際の登山道などの様子も知ることができて役に立つ。

また登山技術のなかで、動画との相性がいいのは、ロープワークだ。ロープワークは、実際の山の中でミスをした場合、重大事故に結びつく可能性が高い技術であり、完全な独学は絶対に避けるべきだ。しかし、指導を受けたとしても、多くの場合はすぐの習得は無理で、結束方法などを何度も反復練習をする必要がある。

ロープワークを図解した書籍もあるので、それを見ながら復習するという方法もある。しかし、図や写真での解説では、ロープそのものの重なりや動かし方が解るだけで、実際に行なうロープワークの解説にはなっていないものもある。ロープワークは、３次元の動きで学ばなければ、習得しにくい。たとえばループにロープの末端を通す場合は、手首を回してループを作り、そこからロープを握った握りこぶしを引き抜くような方法をとる。書籍では、そういった複雑な手の動かし方は解りにくい。一方、動画では一連の手の動きを連続して見ることができるため、理解しやすいはずだ。

問題なのは、P22で述べたブログなどと同様、誰でもアップロードできることだ。時には、あまり効果的とは思えないやり方を紹介する動画も存在する。必要に応じてコメントなどの評価もチェックして、閲覧するのがいいだろう。

その一方で、なかには信頼できる指導者が確実なロープワークを示すものも存在する。特に難解なロープワークは、私もそういった動画で方法を確認することもある。

もうひとつ動画を重宝するのは、海外の山を目指すときだ。海外の山は日本語の資料は乏しく、英文などのウェブサイトで調べることになる。場合によってはブラウザの翻訳機能も使うが、ルートの詳細はつかみにくい。そういった場合、たとえばYouTubeに「Matterhorn」と入れて検索すると、実際に登っている人が撮影した動画がヒットする。それをじっくり見ることで、より具体的な状況がつかみやすい。

新しいテクノロジーの活用を模索する試み

私たちの生活を大きく変化させてきた、インターネットやスマートフォン。今では登山者も、そういったテクノロジーに支えられるようになってきた。インターネット以前の登山を知る私としては、隔世の思いだ。

登山に特化したウェブサイトやスマートフォンアプリについては、主要なことについてはひと通り調べたつもりだが、日々、新たなアイディアが反映されるジャンルだ。半年先には、もっと革新的で、便利な機能が実現している可能性もあるので、目が離せない。

さらに別の方向からも、登山者のための新たなテクノロジーを実現させる試みは始まっている。ここでは例として、富士山の登山口のひとつを持つ御殿場市と、KDDIとの取り組みについて紹介する。

ＫＤＤＩは、御殿場口登山道の利便性を高めて登山者を増やしたいという御殿場市の要望により、「通信とライフデザインの融合」という考えのもと、安心、安全、快適な富士登山に向け対応策を検討。２０１９年の夏シーズンには、４つの課題に対してのサービスを提供した。

ひとつ目が、山小屋でのキャッシュレス決済の導入だ。御殿場口登山道七合九勺に立つ赤岩八合館と、七合五勺に立つ砂走館の2ヶ所で、au PAYなどを利用できるようにした。消費税増税以降、一気に普及してきたキャッシュレス決済だが、山小屋でも可能となれば、山に高額の現金を持つ必要がなくなるため、登山者としてはとても嬉しい試みだ。

ふたつ目が、登山者に対してより効率的に御殿場市が発信する情報を伝えること。これは御殿場口の登山口に向かうタクシー内に、タブレット型ＰＣを設置することで実現。翻訳ツールも内蔵していて、外国人登山者にも情報提供が可能だ。

3つ目が、軽装登山者を減らすこと。これは、ウェザーニューズ社とも提携し、気象観測センサーを富士山の6箇所に設置。そのセンサーから送られてきたデータを、ウェザーニューズ社のプログラムが解析。五合目、八合目、頂上での、現在、3時間後、6時間後の気象観測を、「ミエルフジトザン」というウェブサイトで公開。これは気象予報士の出す天気予報とは異なり、リアルタイムで更新する全自動型の気象予測システムで興味深い。

さらに御殿場口の駐車場の混雑状況を、出入り口に設置したＩｏＴセンサーを使って可視化。こちらも、「ミエルフジトザン」のウェブサイトで公開されている。

これらの試みは、まだ試行段階だ。今後、５Ｇがスタートすることで、さらに多くのＩｏＴセンサーが導入され、ＡＩを活用した本格的なサービスが展開されることになるだろう。

この５ＧとＩｏＴ、そしてＡＩの本格的な実用化は、さらに登山の姿を変えていくことになるはずだ。それら先端テクノロジーが作り出す、将来の登山の姿については第４章で考える。

第3章

遭難者を救うために進化するテクノロジー

登山者が遭難したらどうなるか？

登山は、万全の準備をして、注意深く行動すれば100％の安全が確保されるのかというと、そうではない。山に登り続けるかぎりは、いつかどこかで事故に遭遇する可能性はつきまとう。そして事故に遭遇し、その状況を自力で解決することができなかった場合には、遭難となる。

日々進歩しているテクノロジーは、そのような遭難状況を可能なかぎり速やかに解決するためにも導入されている。事故や遭難に至る状況はさまざまで、そのすべてに対処することは困難だ。現時点では実験段階のものもあるが、遭難者を助けるテクノロジーの概要を見ていこう。

登山者が遭難しても、本人や周りにいる人が携帯電話を使って救助要請できるのであれば、対処は早いだろう。携帯電話が通じなくても、近くに山小屋があるなど、助けを求めやすいときも同様だ。

問題なのは、連絡がとれない場合だ。

そのような場合、下山予定日になっても帰宅しないことに家族が気づき、警察に捜索願いを届け出る。警察では、遭難した登山者が、登山前に提出した登山届を確認。それに基づいて、予定していたコースを中心に、その付近一帯での捜索活動を始める。そして発見後はただちに救助活動に入り、遭難者を救出、病院へと搬送することになる。

しかし捜索や救助が順調に進まないこともある。遭難者が一人暮らしの場合は、下山しないことに家族は気づかず、捜索願いを出すタイミングは遅れる傾向にある。また、もし登山届が提出されていなければ、本当に登山に行ったのかの確認にも手間取る。登山届が提出されていたとしても、記載内容に不備があれば、向かったコースを特定できないこともある。

そして、遭難者の捜索は困難だ。晴れた見通しのよい日に、ヘリコプターを使って上空から見渡したとしても、位置が正確に解らない登山者を山の中から見つけ出すのは簡単なことではない。深い樹林の中にいたり、見通しの悪い谷間にいたとしたら、なおさらだ。

ケガや病気が原因で遭難し、発見が遅れた場合は、その原因自体で命を落としてしまうことも十分に考えられる。命を落とすことはないとしても、症状は悪化するし、何よりも遭難者の苦痛は大きい。

さらに問題なのは、そのまま発見できずに行方不明になることだ。警察庁が発表する『山岳遭難の概況』によると、２０１８年では44人の登山者が山で行方を絶っている。行方不明の者は、民法第30条により、7年間を経過しないとその人を死亡とみなすことができない。その間は死亡保険金はおりないし、本人名義の預貯金は家族であっても使えない。その一方で税金などの支払いは続くため、残された家族の負担は多大なものになる。

登山者やその家族にとっては酷ではないかとも思えるが、中には人間関係や金銭関係などさまざまな事情から意図的に遭難を装って失踪する人間も存在するという。そのような事態を考えると、法の運用という面ではやむを得ないのかもしれない。

登山届提出の問題点

基本的に登山届は、目的のコースの登山口がある自治体の、警察署の地域課に提出する。とはいえ直接警察署に提出することは稀で、多くの場合は登山口に、警察によって設置された登山ポストに投函する。

この登山届は、通常は詳細にチェックされることは少ない。活用されるのは、遭難の通報や、家族からの捜索願いが出されたときだ。通報や捜索願いが出されると、まずは登山届が提出されているかを調べ、その人が本当に山に向かったのかを確かめる。提出されていたら、向かったのはどのコースかを調べ、遭難の可能性があるのはどこかを推定する。

この登山届は、決まった書き方があるわけではなく、様式は自由だ。普通はプランニングの時点で、登山計画書としてエクセルなどに、メンバーや日程、予定コースや装備を入力する形で作成。それをプリントアウトし、登山届として提出する場合が多いだろう。ところが、紙で作った登山届には取り扱いが難しい面がある。

以前、3月に北アルプスの鹿島槍ヶ岳に向かったときのことを思い出す。このときの登山口は、大谷原。信濃大町駅からタクシーで移動し、大谷原から雪に覆われた林道をしばらく歩いたところに、登山ポストがあった。やや不便な場所であり、本当にチェックされるのか疑問に感じたものの、用意していた登山計画書はそこに登山届として投函した。

その日は、コースの途中で雪洞を掘って宿泊。翌日に頂上を目指したが、雪の状態に不安を感じたので間もなく敗退を決断。往路を引き返して下山した。

大町警察署から連絡が入ったのは、その2日後の夜だった。私たちとほぼ同じ日程で入山した2つのパーティが、いずれも下山せず、捜索願いが出ているのだという。私に連絡をしてきたのは、そのパーティを見ていないか、何か気づいたことはないか、との問い合わせだった。車では入ることのできない、あの場所まで警察官が出向いて登山届を回収するというのは、相応の労力が必要なことであり、そのような連絡が入ったことに驚きを感じたものだ。

これは登山届が機能していた例だが、実際の登山口では、疑問に感じることも多い。遭難時の連絡をスムーズにするために、登山届にはメンバーの個人情報の記入は必須項目だ。しかし登山ポストによっては、開閉自由であったり、単に箱などに重ねて置くだけといったものもある。誰でも見ることができるばかりか、その気になれば持ち出すことすら自由だ。個人情報保護の観点からすると、あまりにも無造作だ。

また、登山届にはあらかじめ作った登山計画書を提出する方法のほかに、登山ポストに備え付けてある登山者カードに記入する、という提出方法もある。この方法であれば手軽だし、入山したという証明にはなる。しかし出発前の慌ただしい時間では、記述は雑になりがちだ。登山道が数多いエリアで遭難したある登山者は、やはり登山カードに記入して山に向かった。しかしカードに記してあったのは、入山口と下山口のみ。どのコースに向かったのかが不明で、初動捜索時は難航したという。

捜索する側から見ても、捜索願いが出てから、紙の登山届をひとつひとつチェックしていく作業には手間がかかる。特に登山者の多い連休時などは、枚数も増えて時間も要することになる。

そのようなさまざまな問題点を解決するために、インターネット上で登山届を提出する方法が、今では一般的になりつつある。

登山届共有システム

インターネットを利用した登山届の提出方法として、すぐに思いつくのはメールだろう。ところが、登山届を受け付けるためのメールアドレスを公開している都道府県警察は、全体の4分の1程度と多くはない。ならば電子申請手続きがあるのかといえば、それも半分程度だ。しかも、電子申請の手順は自治体ごとに異なり、その都度、方法を確かめたうえで提出するのは手間がかかる。

そこで現在、普及が進んでいるのが、公益社団法人日本山岳ガイド協会が運用する『山と自然ネットワーク・コンパス』だ。

コンパスはオンライン上で登山計画書を作成。その計画書を登山届として共有するシステムだ。共有するのは、下山しない場合に捜索願いを提出する家族や友人など緊急連絡先と、登山口の自治体や警察だ。それだけではなく、ほかの都府県に下山する場合は、その下山先の自治体や警察とも共有可能となる。ただし現時点では、コンパスでの登山届の共有を登山届の提出とみなす道府県は23に限られている。

『コンパス』はウェブサイト、またはスマートフォンのアプリ上で操作する。まず新規登録を行い、その後ログインすることで利用可能だ。最初に「設定」から、緊急連絡先の登録をしておくといい。

使い方は、画面中央のマークをタップして、「登山計画」をタップ。次に「新規作成マップから」と「新規作成フォームから」の2つが表示されるが、主要山域であればマップからのほうを選ぶ。

すると地図が表示されるので、適宜スクロール、拡大をして、登山口から順に、コースや分岐をタップして、下山口までのルートを作る。『ヤマケイオンライン』の「ヤマタイム」や、『ヤマレコ』の「ヤマプラ」と同様の手順だ。

次に、各項目の入力画面となる。必須となるのが分類、登山山域・目的、入山口、下山口。任意で入力するのは、グループ選択、経由地・泊地、エスケープルート。

続けて装備品の入力画面となる。必須となるのが、食料、行動食、飲用水。個人装備・備品と、共同装備は任意だ。さらにそのほかの情報として、連絡メールアドレスの選択、無線機の携行、山岳関連団体への加盟、山岳遭難保険・制度を入力。さらにP143で述べる、『ココヘリ』の会員証IDの入力欄もある。

次に同行者の入力画面と、緊急連絡先へのメール時間、そして最初に登録しておいた、緊急連絡先を追加して、確認画面となり、問題がなければ「登山届を提出」をタップする。

これで「コンパス登山届システム」に登山届が登録されると同時に、緊急連絡者に登山届のメールが送られる。緊急連絡者は、そのメールの中の「計画確認」をクリックすることで、登山届の内容が確認できる。

登山届提出後、なんらかの理由で出発前に登山を中止した場合は、登山計画のページから「取下

（変更）」をタップすることで、取り下げの処理が行なわれる。また予定通りに下山したときは、「下山通知」をタップすることで下山が確認される。また予定下山時刻を過ぎても下山通知がない場合には、3時間後、5時間後、7時間後のタイミングで本人に下山通知の督促メールが送られる。

一方、緊急連絡者には、取り下げも下山もメールで通知されるほか、7時間後の督促メールに対しても登山者からの下山通知がない場合に、下山未確認の通知メールが送られる。

ここで不審に思った緊急連絡者は、警察へ連絡し、遭難の可能性を相談。

そして警察では、「コンパス登山届システム」へアクセスし登山届を検索すると、瞬時に結果が表示される。その登山届をチェックし、やはり遭難している可能性があると思われたら、家族は捜索願いを届け出ることになる。

コンパス活用のメリット

登山者にとって、この『コンパス』のメリットは大きい。

なんといっても、登山届の提出が手軽になった。登山届となる登山計画書をパソコンで作らなくとも、スマートフォンだけで完結できる。入山日以前の提出もできるので、うっかり提出を忘れてしまう、といったことも少なくなる。ただし、スマートフォンで手軽に登山計画書を作れる、ということには、逆に登山者の安全を損なう可能性もはらむ。この便利過ぎる登山計画書の問題については、次章で触れる。

特にコンパスは、一人暮らしで単独登山を行なう人には、大きな助けになるはずだ。通常、登山計画書は家族にも渡しておく。もし下山しない場合には家族が計画書をチェックし、必要と思われる場合に捜索願いを出す。したがって山で行動不能となり、連絡持つかない場合に、捜索、救助活動が始まるかどうかは、家族次第ということになる。

しかし現在の国内では、7人に1人が、一人暮らしをしている「単身世帯」だ。そして単身世帯の登山者も少なくはない。その場合、登山計画書を渡す家族が、間近にいない人が多い。

そのような単身世帯の単独登山者が、計画書を誰にも渡さずに下山しなかった場合は、それに気づくのは職場の人であったり、友人知人であったりすることがほとんどだ。あらかじめ山に行くと伝えておけばよいが、そうでなかった場合には、山に向かったかどうかの確認から始まることになる。その結果、捜索願いの届け出のタイミングは大幅に遅れることになり、捜索、救助活動が始まるのも遅くなる。

しかしコンパスは、離れて暮らす家族などを、緊急連絡者として設定できる。そして下山予定時刻に下山通知をしなかった場合、7時間後に自動で緊急連絡者へメールが送られる。そのため、山に向かったこと、下山予定日の夜になっても下山しないことは、確実に伝わる。

利用者は、この7時間後という時間設定を覚えておかなければならない。下山予定を16時にしていた場合、緊急連絡者にメールが届くのは、深夜に差しかかった23時ということになる。離れて暮らす家族が、下山しない旨のメールを23時にコンパスから受け取ったならば、まずは本人に電話をするなり、メールをするなりを試みるだろう。それでも連絡がとれなかったならば、警察へ相談、ということになるはずだ。したがって捜索願いが出されるのは早くても23時過ぎ、家族が気づかなければ、翌朝以降ということになる。そうなると捜索活動が始まるのは、早くて翌日の朝一番、遅ければ昼近い時刻からになるかもしれない。重症度の高いケガや病気が原因の下山遅れであれば、そのタイミングでは手遅れ、ということもあり得る。

だからといって、たとえば3時間くらいで緊急連絡者にメールを送るようにすると、ちょっとした下山遅れや、スマートフォンの電池が切れただけでも、通知メールが送られるかもしれない。そうなると、下山遅れに伴う不必要な騒ぎが増えることになり、それはそれで登山者にとっては好ましいことではないと思える。

したがってコンパスを利用していたとしても、山の中で最低一晩はビバークしてやり過ごす心構え、それに準備と技術は必須のものといえる。

もちろん一人暮らしでない登山者にも、この下山未確認の通知メールは、有効だ。行方不明者をピンポイントで探す『ココヘリ』は、登山計画書を家族に渡していることをサービス提供の条件にしているが、それもコンパスを使うことでクリアできる。またコンパスにはココヘリのＩＤを入力できる。捜索する警察がココヘリ受信機を持っている場合には、それを使うことでより速やかな発見が期待できる。

警察や自治体など、登山者を捜索する側としては、先に述べたようにコンパスへアクセスすることで瞬時に登山届を表示し、閲覧できるメリットがある。ただし注意が必要なのは、コンパスへの登山届の提出が警察や自治体への登山届と見なされるのは、先に述べたように23の道府県に限られることだ。そのほかの自治体では、従来どおりエクセルで作るか、ヤマケイオンラインの「ヤマプラ」やYAMAPの「登山計画」で作成したものをプリントアウトし、登山ポストなどに提出することが必要になる。

とはいえ、コンパスの導入は順次進んでいる。山梨県は２０１５年にコンパスと提携、２０１９年に一部の登山コースでの登山届の提出を条例で義務化した。その義務化を告知するポスターでも、コンパスでの提出を勧めている。有効性が周知されることで、コンパスと提携する自治体はさらに増えると思われる。

行方不明者の位置を絞り込むための機能

登山者が下山せず、その家族から捜索願いが出された後、警察では登山届をチェックする。下山しない登山者の足取りを調べるためだ。

もし登山届が出ていなかったら、どうなるだろうか？　登山者がマイカーで山に向かったとしたら、まずは考えられる登山口の駐車場を、総ざらいで調べることになる。車が見つかった場合はその登山口からのコースを想定し、足取りを推定していく。公共交通機関を使った場合には、駅の防犯カメラをチェックしたり、バスやタクシーのドライバーに聞き取りをして、目撃情報を探し出す。いずれにしても時間がかかるばかりか、登山コースをつかむまでの労力は多大だ。そして、そこまで労力をかけたとしても、目指した登山コースは確定できない場合も多い。そういった無駄な労力をなくすため、つまり迅速に捜索を開始してもらうためにも、登山者は必ず登山届を提出しなければいけない。

とはいえ、登山届が出ていたとしても、連絡のとれない登山者の足取りを調べるのは容易なことではない。私は今までに何度か、下山しなかった登山者の捜索を行なったことがある。いずれも計画書は提出されていて、目指したコースは絞り込めていた。それでも、たとえ日帰りコースであったとしても、登山口から下山口までの捜索範囲は広大だ。結局、初動捜索では発見できずに、長期捜索に切り替えた例もある。計画書があったとしても、それほど行方不明者の捜索は難しい。2019年5月に、新潟県の五頭連山で行方を絶った親子の捜索が行なわれた際も、向かった山は特定できていたにかかわらず、発見までは3週間もかかっている。

そのような事態を解消することを目的として、前章で紹介したキャッシュ型GPSアプリには、広大な捜索エリアを絞り込むための機能が搭載されている。

最もシンプルで使いやすいのは、『Geographica』の位置通知機能だ。アプリの起動後、登山をしている間は通常は機内モードで行動するはずだ。それでも山頂や展望地など、見通しのよい開けた場所に出たときは機内モードを解除し、携帯電話の通話エリア内かどうかを確認。通話エリア内だったら、メールチェックやSNSへの投稿をする人は多い。そのときに、Geographicaの画面上部の、緯度・経度を表示する部分を長押しする。すると「現在地をツイート」「現在地をフェイスブックに送る」「現在地をクリップボードにコピー」「現在地をメール送信」の4つのメニューが現れる。たとえばメールで送信した場合、相手に「今ここにいます」というタイトルのメールが届く。そのメールには緯度・経度、高度、速度、精度のほかURLも記されていて、Googleマップで送信した位置を示すようになっている。携帯電話の通話エリア内のある場所から、ピンポイントで相手に伝えることができるのみの機能だが、これだけでも捜索時には、行方不明者の位置を絞り込む材料となる。

同様の機能は、『スーパー地形』にもある。同じように携帯電話の通話エリア内で、画面右上の現在地マークをタップすると位置情報が表示される。そのとき、下に表示される「送る」をタップすると、「メール」「Line」「Twitter」というメニューが出る。ここでもメールを選択すると、相手に「ここにいます」というタイトルのメールを送信。地理院地図とGoogleマップの2つのURLが記された、現在位置を伝えるメールが届く。

自動で現在位置を伝える「いまココ」機能

行方不明者が山行を開始してからの、ある時点での居場所が正確に解るだけでも捜索範囲の絞り込みには役に立つ。

もちろん、電波が通じる場所であれば、緊急連絡者にメールで状況を送るか、TwitterやFacebookで写真などを添えて投稿したほうが確実だ。しかし、実際の山行時には急いで行動することも多い。文章を考えて打ち込むほどの余裕がないこともある。特に悪天候に遭遇したり、アクシデントが発生したときなどはなおさらだ。

そういった場合には、やはり『Geographica』や『スーパー地形』の現在位置送信機能のような、できるだけ少ない手順で、現在位置だけでも送信できる機能は効果的だ。特にGeographicaの画面は、タップする面積も大きくて、悪状況下でも手早く送れるようになっていて使いやすい。

しかし、その場合も現在位置の送信を、意図的に行なわなければならない。視界のよいところで立ち止まって、スマートフォンの機内モードを解除し、現在位置を確かめつつ3回程度のタップで手早くメールを送信する程度の操作は、それほど困難なことではない。余裕があるときであれば、問題なくできる操作だ。しかし登山中に、何かがあって精神的に追い込まれてきたときには、そういった操作すら、手間に思えるばかりか、操作することさえ意識に浮かばないこともある。そして、事故が起こるのは往々にしてそのような余裕のないときだ。

さらにピンポイントの現在位置を伝える方法では、予定どおりに進んでいるのか、何かアクシデントがあって引き返しているのかの判断もつきにくい。

『ヤマレコ』が提供する「いまココ」機能は、そのような問題点をクリアする。登山者が山を登っている時、家で待つ家族に移動の経過を含めた現在位置を、簡単に知らせることが可能だ。

「いまココ」機能で現在地を知らせるには、登山者は『ヤマレコアプリ』が必要だ。まず、ヤマレコアプリのメニューから設定画面を表示し、認証コードの「コードを取得」をタップ。すると文字列と、QRコードが表示される。

家族は「いまココ」のウェブサイトにアクセスするか、スマートフォンで「いまココ」アプリをダウンロードしてインストール。続けて、登山者が取得した認証コードを、文字列かQRコードを使って追加する。するとその登山者が、ヤマレコアプリを使い、GPSのトラックログを記録しつつ登山している間の最新の位置情報が、5分から30分に1回程度、ヤマレコのサーバーに送られる。その位置情報が、家族の「いまココ」の画面にも表示されるようになる。

もちろん機内モード時や、携帯電話通話エリア外では、位置情報を送ることはできない。ただし山頂などの携帯電話通話エリア内で機内モードを解除すると、そこまでの現在位置がまとめて転送される。したがって、あえて送信する操作は必要なく、行動の経過もつかめるので、予定どおりに進んでいるのか、何かがあって予定外の行動をとっているのかを推測しやすい。

ヤマレコのサーバーに転送された現在位置は、「いまココ」機能にのみ利用され、公開されることはない。また不要な場合には、登山者側で「いまココ」機能をオフにすることも可能だ。

なお、家族が「いまココ」で登山者の位置情報を確認できるのは1週間分のみ。情報の保存が必要な場合には、それまでに地図を表示した画面をキャプチャするなどの対応が必要だ。

携帯電話通話エリア外でも現在位置を知らせる「みまもり機能」

『YAMAP』の「みまもり機能」も興味深い。これも『ヤマレコ』の「いまココ」と同様に行動中の登山者の位置情報を、家族や友達に知らせる機能を持つ。特徴的なのは、電波が届かない場所での位置情報の送信も可能にしていることだ。

どのようにして電波が届かない場所で位置を伝えるかというと、「こんにちは通信」を行ない、YAMAPユーザー同士で位置情報をやりとりすることによる。これはスマートフォンに内蔵されている、有効範囲約10mの無線でデータをやりとりするBluetoothを利用した通信だ。

「みまもり機能」を使うには、YAMAPのマイページから設定メニューを開き、「みまもり機能」をタップ。みまもり機能の設定画面が表示されたら、スイッチボタンをオンにして、連絡先を登録。連絡先には、メールアドレスかLINEの友だちが、1件だけ選択できる。連絡先をメールアドレスを選んで登録した場合には、そのメールアドレスに、YAMAPのユーザー名を記した登録のメールが届く。LINEの場合は、「YAMAPみまもり」アカウントを友だちに追加し、通知登録メッセージを送信したうえで位置情報の通知を受け取ることになる。

実際の登山時には、登山者はYAMAPを立ち上げて「のぼる」をタップ。GPSのトラックログを記録しながらの活動を開始する必要がある。YAMAPを起動していなかったときももちろん、活動記録を行なっていなければ、「こんにちは通信」は行なわれない。

「みまもり機能」をオンにして活動記録を行なっている場合も、スマートフォンは機内モードにすることが多いはずだ。この場合も「こんにちは通信」は行なわれないので、機内モードにすることでオフになったBluetoothのボタンをタップしよう。すると、モバイルデータ通信は停止していてもBluetoothは動作し、「こんにちは通信」が有効になる。

この状態で、電波がまったく通らない深山に入ったとする。そこですれ違った登山者がYAMAPユーザーであり、同じように活動記録を行ないつつBluetoothを有効にしていて、みまもり機能をオンにしていた場合、スマートフォン同士が自動で「こんにちは通信」を行なう。自分がもし、その先で遭難して身動きがとれなくなってしまったとしても、すれ違ったYAMAPユーザーが携帯電話通話エリア内に移動し、機内モードを解除すれば、自分の位置情報は自動でYAMAPのサーバーへ送信される。もちろんすれ違った相手や、すれ違った相手のみまもり機能の通知先がその位置情報を見ることはできない。

みまもり機能の連絡先には、活動中に一定の間隔をあけて、通知が届く。その通知のURLを開くと、地図上にYAMAPユーザーが動いた点と、緯度・経度と時刻が示される。また活動を終了し、

ＧＰＳの機能を止めたときにもその旨が通知される。

『Geographica』や『スーパー地形』の現在地送信は、携帯電話の通話エリア内でモバイルデータ通信ができなければ送ることはできない。また『ヤマレコ』の「いまココ」も、自動で位置が送られるとはいえ、そのタイミングはやはりモバイルデータ通信ができるときに限られる。しかしこの「みまもり機能」は、完全に携帯電話の通話エリア外であっても、現在位置を連絡先に知らせることができる可能性を持つ。しかしそのためには、「みまもり機能」をオンにしたYAMAPユーザーが、一人でも多く、山を登っていることが重要だ。キャッシュ型ＧＰＳアプリのなかではダウンロードが最も多い、YAMAPならではの機能だといえる。

システムで位置情報を伝えることの限界

スマートフォンのキャッシュ型ＧＰＳアプリを使う、現在位置を緊急連絡者に伝える方法を見てきたが、使いやすいのはどれだろうか？

私が手軽だと思うのは、やはり『Geographica』や『スーパー地形』の、アプリ上から現在位置を送信する方法だ。特に事前のセッティングなども必要なく、その場ですぐにできる。ただし、伝えることができるのは携帯電話通話エリア内に限られるうえ、その場で意図して行なう必要があるので、ここぞというときに忘れてしまう、という可能性がある。

興味深いのは『YAMAP』の「みまもり機能」だ。事前に「みまもり機能」をオンにして緊急連絡者1人を指定し、Bluetoothを有効にして「こんにちは通信」もオンにするという手順は、煩雑ではある。しかし現状では、携帯電話通話エリア外の深山に入り込み、そのまま身動きがとれなくなった場合の、自分の行動をほか者に伝える手段は、この「みまもり機能」しかない。ただしそれが可能になるのは、同様に「みまもり機能」をオンにしているYAMAPユーザーとすれ違うことが条件だ。

一度セッティングしてしまえば、その後は楽なのが『ヤマレコ』の「いまココ」だ。現在位置を送信するには、やはり携帯電話の通話エリア内でなければできないので、「みまもり機能」のように、深山で現在位置を伝えることはできない。しかし、山中は携帯電話通話エリア外が多いとはいえ、開けた山頂に限って言えば、かなり電波は届く。奥地に入り込まなければ、ほぼ問題なく利用できる、というのが実際のところだ。しかも山頂でメールチェックなどをしている間に、自動で位置情報が送られるので、忘れることはない。

このように、「いまココ」や「みまもり機能」は行方不明になったときに、捜索してもらうための位置情報を伝えるためには、とても効果的なサービスだと思える。ところが、私の周りの登山者にそのことを説明しても、ほとんどの人からの反応が、今ひとつよくない。理由を聞くと、機能そのものはいいと思うが、家族に現在位置を知られることが嫌なのだという。

確かに、多くの登山者が、十分に家族の理解を受けた上で山に向かっているのかというと、そうではないかもしれない。私と一緒に登る人のなかにも、

「今日も山に行くと言ったら、妻からさんざん小言を言われました！」

といったことを口にする人は、何人もいる。さらに山の道具は普段は車の中に隠しておいて、休日出勤するふりをして山に向かうという人すらいる。または山に行くと家族には伝えつつも、息抜きで映画を観に行ったりするような人などもいるのかもしれない。

そのように、登山を行なうことについて家族からの理解が得られていない場合には、とてもよく考えて作られている「いまココ」も「みまもり機能」も、残念ながら効果は低い、ということになってしまう。

ＳＮＳへの投稿が手がかりになる

各種のキャッシュ型ＧＰＳアプリが用意する、行動中の現在位置を通知するシステムを使わなかったとしても、行方不明になった登山者のＳＮＳへの投稿を見ることで、おおよその位置を推定で

きる場合もある。

見晴らしのよい山頂に到着したら機内モードをオフにし、携帯電話の通話エリア内かどうかを確認。エリア内の場合には、景色などの写真をSNSに投稿する人は多い。そのような投稿が残っていれば、少なくてもそこまでの行動の概要はつかめるので、行方不明時の捜索範囲を絞り込める。

登山者が送信するSNSへの投稿を、家族が真っ先に見る、ということはおそらく少ない。見る人の多くは、その登山者と同じような山に興味を持つ、別の登山者だ。それらSNS上の山仲間たちは、登山に対する知識や経験もある。下山しなかった場合には、家族よりも先に、異変を察知することもある。たとえば野村仁氏の著書『もう道に迷わない』には次のような例が紹介されている。

ある登山者が、山に登ることをはっきりと伝えずに、内容が不明瞭なメモを残したまま山に向かった。山に行くというと、家族に嫌な顔をされるため、敢えて行き先をぼかしたのだ。ところが下山中に道に迷った。リカバリを試みるが失敗し、どうやっても道迷いの状況から抜け出せず、山中でビバークに追い込まれてしまう。

いち早く異変に気づいたのは、ヤマレコ仲間だった。その登山者は熱心なヤマレコユーザーだった。毎週末、下山後にはただちに山行記録をアップ。ほかの登山者の記録にも、熱心にコメントを書き込んでいた。週が明けてもそのような投稿がまったくないので、おかしいと感じたのだ。

何人かのヤマレコ仲間が連絡をとり合い、判然としなかったその登山者のコースも、ほぼ正確に推定。結局、道に迷ってから6日後に救助隊に発見されたが、その救助活動にはヤマレコ仲間たちも携わっている。

そのような例もあったためか、ヤマレコでは、P76で紹介した下山連絡システムに登録した場合、ホーム画面から山行計画のタブをクリックすると、「みんなの山登り」として一覧表示されるようになっている。計画書を限定非公開にした場合であっても、下山日の20時を過ぎると表示される。山行計画の概要も表示されるので、何かあった場合には、ヤマレコ仲間に気づいてもらえる可能性がより高まる機能だ。

帰ってこない家族の行動を推測する方法

最近メールは、Googleがサービスを提供するGmailを使っている、という人も多い。私は2008年2月から活用している。それまでメールの閲覧に使っていた、MicrosoftのOutlookと操作感が異なっていたため戸惑ったものの、半年も経つ頃にはすっかり慣れて、フル活用。しかし当時のGmailは受信を拒否されることも多かったため、携帯電話会社のキャリアメールも併用していた。しかし2017年2月に、SIMフリータイプのスマートフォンを使うようになってからは、メールアカウントはGmailのみで、ほかは使っていない。

Gmailを利用するためには、Googleのアカウントを作成する必要がある。そのアカウントを持っている人であれば、近頃「Google Maps Timeline」という送信元から「●●さん、▲▲▲の更新情報をお届けします」というメールが届いて、驚いた人もいるのではないだろうか？　これは、常にGoogleアカウントにログインした状態でスマートフォンを使い、Googleマップのロケーション履歴をオンにして、さらにスマートフォンの現在地送信機能もオンになっている場合に、送られてくるメールだ。

そのメール内にある「タイムラインをチェック」をクリックすると、自分がスマートフォンを手にして訪れた場所が、グーグルマップ上に表示される。左上には日付入力欄もあり、そこに特定の日を入れると買い物をした商店、食事をした飲食店、宿泊をしたホテル名など、多少の誤差はあるものの、かなり正確に表示される。

これは訪れた場所に基づくおすすめのレストランなどを表示したり、よく利用する経路の交通状況をリアルタイムで通知したりするために、Googleが取得している位置情報だ。

試しに、山に行った日を指定して地図を見ると、歩いたコースがかなり正確に表示されている。宿泊した山小屋の名前も、ほぼ正確だ。

登山中は私は機内モードにするのだが、市街地で移動しているときよりも、示される行動は詳細だ。これはおそらく、動作させているキャッシュ型GPSアプリで取得したトラックログをGoogleマップでも保存して、その部分に当てはめているのだろう。GPSアプリを起動していないときは、もっとまばらなタイミングでGPS測位を行ったり、あるいはWi-Fiを利用することによって位置情報を求め、それを表示しているようだ。

家族が山に向かったまま帰ってこない場合には、このGoogleマップの「ロケーション履歴」を利用して、位置を絞り込むことも可能ではある。その家族のGoogleアカウントでログインし、Googleマップを開いて左側のメニューから「タイムライン」をクリック。山に向かった日付を選択すると、携帯電話の通話エリア内で、最後にスマートフォンを使った場所までは、移動の様子が表示される。

ただしこれは、家族とはいえ、ほかの人にGoogleのアカウントにログインさせることになる。本来は避けるべき、推奨されない手段だ。ただし万が一のとき、行方不明になったままで終わるよりはいい。家族に、本当に帰ってこないときにだけ開封するようにと伝えて、Googleアカウントのパスワードを記したメモを封筒に入れて渡しておいてもよいのではないだろうか。

そのほか、目撃情報を探す方法としては、『ヤマレコ』の「質問箱」に投稿する方法もある。「質問箱」の中に「たずね人」という項目があり、ここで新しく質問をして、情報を求める方法だ。

また『YAMAP』には遭難時の問い合わせフォームがあり、YAMAPの管理者に、行方不明者の位置情報などを調べてもらうことができるようになっている。

困難を極める行方不明者の捜索

提出された登山届をチェックし、そのほかキャッシュ型GPSアプリの各種機能も駆使して行方不明者の行動を絞り込むことができたとしても、実際に発見するのは困難だ。

P42で述べたように私は以前、鳥取県に住んでいた。その間は鳥取県山岳協会に加盟する山岳会に所属し、県内で発生した遭難者の捜索や救助に何度か出向いた。

残雪の多いある春の日曜日の午後、伯耆大山の頂上付近の稜線から、南壁に滑落した登山者がいるとの通報が警察に入った。その日は晴れていたので、防災ヘリコプターがただちに現場上空を飛んだ。しかし手がかりは得られず、夕暮れも迫っていたため捜索は翌日に持ち越すことになった。ところが翌日の天気予報は雨だった。ヘリコプターで捜索できる可能性は低く、地上からの捜索隊が編成されることになった。

捜索責任者から、私への捜索隊への参加依頼が入ったのはその日の夕方だった。それから準備をし、翌日月曜日の朝6時に登山口近くの交番に集合。山岳協会からは私を含めた5人が出動した。夏山登山道を進んで、滑落現場に到着したのは4時間後。南壁は急雪壁であり、懸垂下降しながらの捜索が始まった。50m下っても手がかりはなく、ロープを連結して、さらに50m下降。最終的には3本のロープを連結して150m下までの捜索をしたが、それでもう午後遅い時刻だ。結局、捜索は打ち切りとなって撤収、日没の迫るなか下山した。正直なところ、このときの捜索は雲をつかむような手応えのなさだった。このように地上からの捜索は時間がかかるうえ、捜索範囲もごく限られてしまう。

ヘリコプターであれば、すぐに見つかるかというと、やはり目視では難しい。私の知人が仲間と2人で沢登りに出向いたところ、仲間が滑落、重症を負った。知人は応急手当てを施し、連絡のとれる場所まで移動して救助要請。間もなくヘリコプターはやってきたが、開けた場所で、下から合図を送っていたにもかかわらず行ったり来たりを繰り返した。ピックアップされるまでには、かなりの時間を要したということだ。

また富山県では、積雪期の剱岳に登る場合の条例が定められており、事前の届け出が必須のうえ、入山時には富山県警から「ヤマタン」という小型機器の貸与を受ける。これは遭難者の発見を容易にするための発信機で、対応した受信機を搭載したヘリコプターで上空を飛ぶと、そのヤマタンの発信する電波をキャッチする。

２０１２年12月に、私の友人を含む４人パーティが、条例に基づいた届け出を行なった上、ヤマタンも持ち、剱岳の小窓尾根に向かった。しかし彼らは消息を絶った。その直後の晴天日に、ヤマタンの受信機を搭載したヘリコプターが周辺を飛んだが、ある程度は電波を捉えることはできたものの、正確な位置の特定、発見には至らなかった。

このように、行方不明者を捜索するというのは、地上からの場合はもちろん、ヘリコプターであっても、さらに位置を発見するための発信機を持っていたとしても難しい、というのがこれまでの定説だった。

ところが、その定説を覆す新たなツールが登場してきた。『ココヘリ』だ。

ココヘリの概要

『ココヘリ』とは、AUTHENTIC JAPAN 株式会社が提供する、会員制の捜索ヘリサービスだ。初年度のみとなる入会金の３０００円に加え、シンプルプランで、１日10円相当となる３６５０円の年会費を支払うと、重さ20ｇの会員証が送られてくる。この会員証が、高精度発信機だ。本体正面に印刷された数字が、会員証ＩＤとなる。今回は取締役の八木澤美好氏に詳細を伺った。

送られてくる会員証は、同梱のＵＳＢケーブルを使って充電。充電は2時間ほどで完了する。

ココヘリを利用する場合は、登山時には登山届を提出し、家族にも登山計画書として渡しておく必要がある。『山と自然ネットワーク・コンパス』と協定を結んでいる自治体であれば、紙の登山届よりも、そちらを使ったほうが確実だ。前に述べたように、コンパスのフォームには、ココヘリ会員証のＩＤ入力欄もある。

そして山に出かけて遭難し、携帯電話の通話エリア外で身動きがとれなくなったとしよう。下山しないことに気づいた家族は、まずは警察に連絡をし、捜索願いを届け出たうえで、ココヘリの遭難捜索専用窓口に電話をする。そこで担当者に氏名・会員証ＩＤ・山名・ルートなどの基本情報を伝える。ココヘリは警察と情報共有を行なったうえで、時間帯や天候などのタイミングを見計らい、ココヘリ受信機を搭載した提携会社のヘリコプターが、上空からその登山者のＩＤを持つココヘリ発信機を探知する。探知でき、遭難者の位置情報を特定できたなら警察等の救助隊に、速やかに連絡する、というものだ。実際の救助活動は、警察などの救助組織が行なう。

このココヘリと同様に、電波を使っての遭難者発見を目指すものには、ヤマタンとアバランチトランシーバー（ビーコン）とがある。この三者の違いを見てみよう。

ヤマタンは雪崩や滑落による遭難者を迅速に発見することを目的として、１９８８年から利用されている先駆的なシステムだ。大きさは500玉程度で登山者は首からぶら下げて携行。遭難時にはその発信機から出る電波を、ヘリコプターを使って上空から捜索する。電波の周波数は超短波の50MHz帯で、比較的直進性は高いものの受信状態が変動しやすく、正確な位置を知るには熟練を要する。基本は積雪期の剣岳に入山する登山者が、富山県警から借り受けて使う。

アバランチトランシーバーは、雪崩に埋没した遭難者を、その周囲にいる登山者が速やかに発見することを目的としたシステムで、登山者に使われるようになったのは1990年代から。大きさおおよそ長辺12㎝程度、短辺6㎝程度、厚み2㎝程度のボックス状で、専用のベルトを使い体の前面に装着する。電波の周波数は中波の457KHz。方向によって強度が異なる性質を持つ電波で、正確な位置をキャッチするには練習が必要だ。電波の到達距離は、50mから100mくらい。基本は個人で購入するもので、値段は3万円から6万円程度。

そしてココヘリは、前述のとおり、行方不明になった登山者を探すためのもの。電波の周波数は、極超短波の925MHz。アンテナが小型化でき、携帯性にすぐれる。携帯電話会社が「プラチナバンド」と呼ぶ使い勝手のよい電波帯に含まれており、この周波数を利用できることがココヘリの性能を高めている。会員証が発する電波を捕捉できる距離は、通常の受信機では2～3㎞。さらに新開発のRANGE BOOSTアンテナでは最長16㎞離れた地点からでも捕捉することができ、提携会社のヘリコプターへ順次搭載が進んでいる。

ココヘリでの発見事例

『ココヘリ』会員、またはその家族からの依頼による、遭難者の捜索はこれまでで24件。そのうちの22件で、ココヘリ受信機を使用して遭難者を発見できている。ここではその中の、代表的な事例を2つ紹介する。

2018年7月初旬、南アルプスの塩見岳に向かった60代の男性が下山しなかった。心配に思った家族が、ココヘリへ連絡。塩見岳は長野・静岡県境に山頂があるが、山梨県境も近い。したがって3県の各県警本部と航空隊、関係する警察署と情報共有。翌日、捜索が開始された。

ココヘリは、警察や消防との連携が進んでいるのが特徴だ。ココヘリの規約には、捜索時にはココヘリの提携している民間のヘリコプターが1事案につき3フライトまで、無料で捜索をするということになっている。しかし県警ヘリや、消防の防災ヘリがココヘリ受信機を搭載して、捜索を行なうことも少なくない。

ヘリコプターの燃料には限りがあり、1度のフライトで捜索できるのは2時間程度。最初のヘリコプターが捜索に出て見つからなければ、次のヘリコプターが、それでも見つからなければまた次のヘリコプターが飛ぶという、ローテーション体制を組む場合が多い。このときも順次捜索する体制をとり、まずココヘリ提携の民間ヘリが飛んだ。

捜索開始時刻は、9時23分。登山計画書をもとに、推定した現場を捜索。2時間足らずの、11時16分、山梨県側で座標を特定し、山梨県警に連絡した。続けて出動した山梨県警航空隊のヘリコプターが現場付近に山岳救助隊員を降ろし、その隊員が行方不明者に接触。残念ながらすでに命はなかったが、速やかな収容ができている。目視では発見するのは困難な場所で、ココヘリがなければ発見できずに終わった可能性が高かった事案だ。

２０１９年5月には、東北の早池峰山で行動不能になった40代の女性を発見した。

この女性は、南側の薬師岳を越えるコースから山頂に向かった。ところが予想以上の残雪量と、雪の状態の悪さに早池峰山の登頂は断念。往路を引き返すことにしたが、深い雪に足をとられるうちに地図を紛失。さらに道を見失って右往左往するうちに、沢に転落してしまい、やむなくそのまま沢を下った。気がついたら携帯もなくなっていた。

早池峰山に登ることは、LINEで家族に伝えていた。そして下山しないときには、ココヘリのコールセンターに連絡をとるようにも伝えていた。もう、ココヘリを頼るしかない……そう考えて、滑落の危険がつきまとう沢の下降は中断。ビバークをして、ココヘリにかけることにした。

そして翌日の昼、ヘリコプターはやってきた。ココヘリ受信機を搭載した岩手県警航空隊が、捜索開始46分後に、会員証の電波をキャッチしたのだ。悪天候が迫っていて、あと1時間発見が遅かったら、救助は翌日に持ち越される状況だった。危機一髪の、救出劇だ。

このときは、現地への登山届の提出はなかった。また、LINEで伝えた登山口の駐車場に車もなく、警察では当初捜索を見合わせる方針だったという。しかし家族と、ココヘリの担当者が話し合った結果、遭難している可能性が高いと判断。正式に捜索願いを出して、まずは岩手県警航空隊が捜索に出向いたのだった。実際の救助は防災ヘリが行ない、ココヘリ提携のヘリコプターは、次のタイミングの捜索に備え現場空域近くで待機中だった。

ココヘリ利用時に注意すべきこと

遭難者発見には驚異的な威力を見せる『ココヘリ』だが、もちろん万能ではない。

まず注意しなければいけないのは電源の入れ忘れ。最新タイプであれば電源ボタンがなく、常時オンの状態だ。しかし多く普及しているタイプは、前面の2つのLEDランプの間にある、小さな穴の中のスイッチを付属のピンで押して電源を入れる。下山後に電源をオフにして、そのまま気づかず次の山に向かうという例もあるので注意したい。最新タイプのように、電源をオンにしたままでも2～3ヶ月程度電池は持つので、電源はオフにしないことがお勧めだ。

同様の失敗に、電池切れもある。電源が入っていることを示すＬＥＤランプは、通常は緑色で点滅するが、電池残量が少なくなるとオレンジ色に変わる。山行前には必ずチェックして、オレンジ色になっているならば必ず充電しよう。

登山中に注意したいのは紛失だ。万が一に備えて、ザックに外付けしている人もいるが、ヤブなどに引っかけて落としてしまうこともある。専用のホルダーも出ているが、使用するときは細引きを使って紛失を防ごう。転倒時に岩などにぶつけて壊れることもあり得る。ザックの上部にあれば問題ないので、雨蓋に入れるようにするのがいい。

なお、ココヘリ会員証は防水機能を持つが、沢登りなどで水圧がかかることが予想される場合には、ジップロックなどの防水袋に入れたほうがいい。ただし、水は電波を通さない。万が一、滝壺などに転落して死亡し、水中の倒木などに体が引っかかって水没したままの場合は、たとえココヘリを持っていたとしても、その遺体を発見できないことは知っておこう。

また、具体的な行動予定を記した登山計画書（登山届）が残されていないかぎり、ココヘリでは探せない。発見事例では、家族にLINEで早池峰山に登ると伝えたことをもとに発見できた例を挙げたが、最低でもそのくらいの情報は必要だ。ココヘリの電波は、最大でも16㎞しかキャッチできない。例え上空からヘリコプターで捜索したとしても、広い山中では具体的な目標がなければ、見つけることは極めて困難だ。ましてや、どの山に向かったのかすら不明であったとしたら、発見することは不可能だ。繰り返すが、家族に気づいてもらえるための、家族に残す登山計画書と、入山したことを現地の自治体などに伝えるための登山届は必須のものだ。

そしてココヘリには、当然のことだが危険を防ぐ効果は一切ない。たとえば今から20年ほど前、アバランチトランシーバーの普及が始まった頃、通常は行動しないほどの降雪中に、沢筋での行動を強行した登山者たちがいた。アバランチトランシーバーを持っているから大丈夫だと考えてのことだった。その後間もなく、待ち構えていたように雪崩は発生し、2人が埋没した。埋没を免れた者は必死に捜索、幸い発見できたものの、埋没者は負傷していた。

それと同様に、ココヘリを持っているから、自分の力量以上のコースにチャレンジしても大丈夫、と口にする登山者がいる。しかしそれは愚かなことだ。ココヘリがあったとしても発見されない可能性は残るし、発見されたとしても、無事で済むとは限らない。ココヘリを持っていても、事故は絶対に起こさないという心構えは必要だ。

もうひとつ勘違いしてはいけないのは、ココヘリは救助は行なわない、「捜索サービス」である、ということだ。ココヘリの受信機を搭載した警察ヘリや防災ヘリが、受信機を使って捜索と救助を同時に行なう、ということはある。だが、ココヘリ提携の民間ヘリコプターが発見した場合には、特定した位置情報を警察に伝え、救助組織に引き継ぐことになる。

なかには、山で体調を崩してヘリコプターを利用しての下山をしたい、という相談をココヘリのコールセンターに伝えてくる登山者もいるとのことだが、それはココヘリの業務範囲外となる。救急車のように利用できるものではないのだ。

今後が期待できるドローンとロボット

人の目に頼らずに遭難者を捜索、救助するテクノロジーの開発は『ココヘリ』以外でも進んでいる。なかでも活用されているのはドローンだ。まだ未知数ではあるものの、今後、機体やソフトウエアなどの性能がアップすることにより、遭難者を発見するための大きな力になると期待されている。

ドローンを飛ばすには、基本は技術を持った操縦士が必要だ。しかし事前に捜索範囲が絞り込まれているのであれば、飛行プログラムが作成できる。熟練した操縦士でなくとも、決められたランディングポイントに機体を運び上げ、起動させることでドローン捜索が可能になる。現時点では、おおよそ5㎞の範囲まで飛行可能だ。

ドローンの捜索は肉眼での捜索とは異なり、捜索範囲をくまなく撮影する。そのデータを、画像解析して遭難者の発見を目指すのだ。撮影データが８Ｋであれば、ズームアップしてもぶれずに見ることができる。また遭難の早期であれば、赤外線カメラで撮影し体温をキャッチすることで発見できる可能性がある。ヘリコプターでは不可能な、近距離に接近しての撮影も可能だ。

ドローンのメリットは、遭難者を直接発見するだけではない。ドローンが詳細に撮影した現場の映像があることで、地上からの救助隊員は地形把握がしやすくなる。発見できる、できないにかかわらず、ドローンでの撮影は有効だ。

ドローン捜索のもうひとつのメリットとしては、コストの安さだ。１分間で約10万円は費用がかかると言われるヘリコプターと比べた場合、経費も労力もかなり少なく抑えた捜索ができる。

その一方で、樹林帯の中にはドローンは飛ばすことができず、現時点では大きな弱点となっている。

ドローンは多くの可能性を秘めていて、今後への期待は大きい。たとえば北海道の上士幌町では、２０１６年から毎年秋に、ロボットによる山岳遭難救助コンテストが行なわれている。『Japan Innovation Challenge』というものだ。

２０１８年のコンテストでは、晩秋の山で、下山時に天候急変して吹雪に遭遇し、身動きがとれなくなった遭難者がいると想定。悪天候で日没間際なため、ヘリコプターも地上からの救助隊も出動できないシチュエーションだ。その遭難者を、ドローンを中心とした各種ロボットで捜索、発見し、位置情報を取得、写真を撮影する。続けて遭難者を救助し、指定場所への搬送までを試みる。もしそれができない場合は、重さ3kgのレスキューキット遭難者に届けるというものが、出場チームに与えられた課題だ。

そのコンテストの結果、遭難者の発見、位置情報の取得と写真の撮影、そしてレスキューキットを届けることには複数のチームが成功している。

まさに、現状での捜索、救助の限界をテクノロジーで乗り越えようという試みであり、今後の成果に期待したい。

遭難者捜索に向けてのKDDIの取り組み

前章のP112で取り上げた、静岡県御殿場市に協力するKDDIも、先端テクノロジーを遭難者の捜索や救助に活用する試みを進めている。スマートドローンによる、山岳救助システムの構築だ。

ここでは、御殿場市と御殿場市・小山町広域行政組合消防本部、そしてKDDIの三者が協力。御殿場消防署にあらかじめ山岳救助支援用スマートドローンを配備し、遭難発生時には、まずは先行する救助車両が、そのドローンを持ち出動。現場で消防隊員は、ドローンの機体設置、動作確認後、ドローンを動作させる。そして捜索エリアでの巡回飛行による捜索を行ない、消防署内の通信指令課では映像確認。必要な場合には、遠隔での飛行指示も可能だ。実際に救助活動を行なう隊員たちはその間に準備し、出動する。現場到着時には、すでにドローンによる遭難状況の把握ができているので、速やかに救助活動が行なえる、というシステムだ。

ＫＤＤＩでは、ＬＰＷＡに対応した『Pocket GPS』という端末の利用も進めている。ＬＰＷＡとは低消費電流で長距離のデータ通信ができるという、通信ネットワークのこと。Pocket GPSは51㎜四方の正方形で、厚さ15㎜、重さ39ｇと小型の機器だ。側面には電源ボタン、正面には動作状態を示すＬＥＤランプのほか、中央にはＳＯＳボタンがあるだけのシンプル形状だ。利用場面としては、小学生の防犯対策や、旅行バッグの紛失を主に想定しているが、登山への流用も可能だとしている。

登山者が行動中、家族はスマートフォンのアプリ上で、携行しているPocket GPSの現在位置や、位置履歴を確認できる。そしてもし登山者が遭難してしまった場合は、ＳＯＳボタンを押すと、家族のスマートフォンに位置情報を伴った遭難信号を送信する。家族はそれを元に救助要請をすることで、より速やかな、遭難者の捜索、救助を目指す、というものだ。

ＬＰＷＡとはいえ、データ通信が必要であることから、おそらく利用できる山やコースは限定される。しかも、その Pocket GPS の電波を目指しての捜索を行なうのではなく、位置情報を伝えるのみなので、『ヤマレコ』の「いまココ」機能の強化版といった印象だ。ただし、『ココヘリ』とは違ってケガなどして身動きがとれなくなった場合には、自分からＳＯＳボタンを押せるというメリットがある。

いずれにせよ、ＬＰＷＡが利用可能なエリアが、どの程度存在するのかが実用性のキーポイントとなる。その検証には『YAMAP』が協力する。２０１９年12月から２０２０年5月にかけて、一部の YAMAP ユーザーに、「ＫＤＤＩ ＩｏＴクラウド～Pocket GPS～」を無償提供して検証を行なっている。

長期捜索活動が行なわれる場合

ここでもう一度、遭難した登山者を捜索し、救助するまでの流れを確認しよう。

まずは下山しないことを、家族などが知って、残された登山計画書をもとに、警察に捜索願いを出す。警察では、警察側に登山届が出ていることで、入山しているものと判断し、捜索準備に入る。

その時点で、『ヤマレコ』の「いまココ」、『YAMAP』の「みまもり機能」、そのほか、家族への直接のメールやＳＮＳの投稿など、入山後の位置情報があればそれも伝え、登山届に記された予定のコースと照合して、捜索範囲をさらに絞り込む。

捜索範囲が確定したら、実際の捜索活動になる。遭難者と連絡がとれなかったとしても、おおよその位置情報があり、遭難者が『ココヘリ』を持っていれば、ほぼ確実に発見できる。現在はさまざまなテクノロジーの組み合わせによって、かつては不可能だったスピーディーな捜索が可能になっている。

しかし、それでも見つからない場合もある。登山計画書を提出していなかったり、大きな不備があった場合だ。行き先がはっきりつかめないと、どこを捜索すべきか決めることができないばかりか、見当違いの場所を捜索してしまうこともあり得る。また、前に述べたとおり、ヘリコプターを使ったとしても目視での捜索というのは困難だ。ココヘリを持っておらず、あまり見通しの良くない場所で身動きがとれずにいるとしたら、発見は難しい。

入山したのが確実で、捜索範囲が絞り込めない場合には、通常はその山での遭難多発箇所を重点的に捜索することになる。ヘリコプターで上空から捜索するほか、地上からの捜索隊も出て、これまで遭難が起きた場所とその周辺を、丁寧に目視で探していく。

そこまで捜索しても発見できなかった場合は、家族と警察など捜索関係者とが相談の上、１週間から10日間程度で捜索は打ち切られることになる。

そこからは、長期捜索活動に入ることになる。何人かの登山者がチームを作り、計画的に、遭難した可能性のある場所を丁寧に探していくのだ。行方不明者が山岳会に所属していたり、そうでなくても山仲間などが多ければ、それらの人々の協力を得て捜索活動を行なう。

とは言っても、今は山岳会などに所属しない、未組織登山者が大半だ。長期捜索を行なえるほどの山仲間を持たない登山者は多い。

そのような状況に対応するため、近年は民間の山岳捜索隊が設立されている。そしてその民間山岳捜索隊では、警察など公共の救助隊以上に、捜索時には積極的に先端テクノロジーを採り入れている。

民間捜索隊の活動内容

民間の山岳捜索隊の概要を、『山岳捜索チームＬｉＳＳ』を例にとって説明する。代表の中村富士美氏にお話を伺った。

ＬｉＳＳは、山岳医療関係者、山岳ガイド、山岳捜索経験者などによって構成される、山岳における行方不明者捜索のプロフェッショナルチームだ。捜索時には公的機関とも連携し、早期発見を目指した捜索活動を行なっている。

ＬｉＳＳの特徴は、捜索前にまず、行方不明者本人のプロファイリングを行なうことにある。プロファイリングとは、当事者の性格、生活習慣、性別、年齢、職業などを分析し、そこから行動パターンを類推する方法だ。依頼が入った場合、まず行なうのは、その登山者の人物像についての家族への聞き取りだ。それに基づいてその登山者特有の行動を推定。いわば盲点ともいえるような行動の糸を解きほぐすという。

同時にＳＮＳへの投稿内容もチェックする。行方不明になった山行の、最終投稿から遭難位置を推定するのではなく、タイムラインを過去に遡り、その人なりの行動のクセをつかみ取る。たとえば、近郊の岩場の多いある山に単独で向かい、行方を絶った登山者がいた。警察はその山では最も危険な、岩場周辺を重点的に捜索。それでも発見できず、家族からＬｉＳＳに依頼が寄せられた。

そこでさまざまなプロファイリングを行なって、その人の登山の傾向を調べたところ、実は岩場は好まない人だという結論に達した。そこで行方を絶った山の、岩場を大きく迂回するコースの捜索を進めることで、発見に至っている。

公共の機関では、捜索時の取り決めが多数あって、制限が生じることから、このような捜索手法はとれない。民間の、しかも山岳についての知識が豊富なエキスパートだからこそ、可能な方法だといえる。

ＬｉＳＳはドローンの活用にも積極的だ。業務提携している株式会社トラジェクトリーは、ドローンのＡＩ管制サービスを提供している。ＡＩが生成した捜索ルートをドローンが自動飛行することで、広範囲を撮影することが可能となり、捜索隊員派遣のための地形把握をはじめ、赤外線カメラを利用しての捜索なども試みている。

捜索時には、キャッシュ型ＧＰＳアプリもフル活用している。使っているのは『Geographica』で、表示のバランスがよく地形が読み取りやすいこと、マーカーが簡単に登録できること、ファイルの共有がしやすいことが、活用の決め手だという。

このように民間の山岳捜索隊が存在感を増してきたのも、さまざまなテクノロジーの普及が進んだからこそだといえる。

なお、公共機関の捜索が行なわれている間であっても、民間捜索隊への依頼は可能だ。生存の可能性がありながらも、なかなか発見できないような場合には、積極的に民間捜索隊に相談するのがよい。警察など公共の捜索隊にとっても、別の視点からの捜索が加わることは助けとなる。

最先端の技術を使っての救助の試み

山で行方を絶った登山者を、どのようにして発見するか？

その難しい問題を、さまざまなテクノロジーを駆使して解決する試みが続けられ、それは日々進歩している。

本章ではそれらの試みを紹介したが、現時点で標準といえるのは、自治体との提携が進んでいる、登山届共有システムの『山と自然ネットワーク・コンパス』と、会員制捜索ヘリサービス『ココヘリ』だ。民間捜索隊の活躍について述べたが、捜索と救助の中心は、警察・消防の公共機関となる。コンパス、ココヘリの両者とも、提携する自治体はすでに多く、今後もその数は増えていくと思われる。

特にココヘリは強力で、正しく使ってさえいれば、行方不明者もほぼ確実に発見できる。PREMIUMプランではBluetoothを内蔵し、さらにLIFE BEACONという子機をセットにしたプランもあって、日常生活にも役立てる工夫も進んでいる。今後、登山以外の場面でも活用の場が増える可能性もある。

登山中の行動を、家族など緊急連絡者に伝える方法は、試行錯誤が続いている。プライバシーに関わる面もあり、活用には慎重な登山者も多い。コンパスとココヘリを活用すれば、ほとんどの山では問題ないのではないか、との意見もある。

とはいえ、日本国内の山にも、広大で、それらを使っても捜索が困難と思われるエリアもある。北海道の日高山脈や、東北の朝日、飯豊連峰、南アルプス南部などだ。そしてそれらのエリアのほとんどは、携帯電話通話エリア外だ。そのような深山での位置情報を伝えることを可能にするのは、現状では『YAMAP』の「みまもり機能」しかない。より一層の普及に期待したい。

そして、登山者との関わりはごく少ないと思われる研究者や技術者たちが、積極的にドローンやロボットを利用して遭難者の捜索、救助する手段の開発に力を注いでいるという状況も見えてきた。このような取り組みが進むことで、現状では行なえない夜間や悪天候時の救助や捜索が、可能になる日も近いように思える。

ドローンやロボットを活用するレスキューへの取り組みは、登山者を救うだけにはとどまらない。我が国は、自然災害が非常に多い。遭難者を救助するための技術は、災害時に応用されて、多くの被災者を救うために役立つに違いない。

第4章

登山とテクノロジーの現在、そして未来

テクノロジーを意識的に活用し、増え続ける遭難を減らす

第2章で見た登山者の行動をサポートするウェブサービスやアプリ、第3章で見た遭難した登山者を速やかに捜索する『ココヘリ』などが登場したことで、登山者はより安全に行動できるようになり、山での遭難は減っていくことが期待できそうだ。

ところが本書の冒頭に記したとおり、遭難件数は年々増加している。2018年の遭難者は、2009年より150％も増えているし、死者・行方不明者も微増傾向だ。これほどさまざまなテクノロジーが、登山者を守るために次々と導入されているにもかかわらず、遭難が増えているのはなぜだろうか？

それは、これら登山に関連したテクノロジーは、思った以上に活用されていないためだと思われる。

約680万人いるという登山者に対し、主要な5サービスでは最も利用者が多い『YAMAP』であっても、ダウンロード数は150万件。ほかにも『ヤマレコ』や『Geographica』があるとはいえ、それらを利用していない登山者はまだまだ多い。

その理由として、本来、登山はテクノロジーのサポートが一切なくてもできる、ということがあ

る。スマートフォンなどを使わない、地図片手のスタイルを好む人は、今も多い。

そしてもうひとつの理由が、インターネットやスマートフォンそのものを活用していない登山者が多いということだ。

総務省が２０１９年に発表した、２０１８年の年齢階層別のインターネット利用率を見ると、13歳から59歳では93％以上と、ほぼすべての人がインターネットを利用している。それが60代では77％、70代では51％と減少する。また年齢階層別のスマートフォンの保有状況を見ると、13歳から59歳では79％以上だが、60代では56％、70代では27％とかなり少ない。これを見ると、60歳以上の高齢者層は、インターネットやスマートフォンをあまり活用していないことが解る。

それに対し、２０１６年とやや古いが、やはり総務省が発表した社会生活基本調査を見ると、登山・ハイキングを行なっている人は40歳代後半以上に多く、最も多いのは60歳代。山に出向く日数が最も増えるのは、70歳代となっている。この２つの発表から、インターネットやスマートフォンを積極的に活用しない世代が、登山のボリュームゾーンであるために、登山者向けサービスの利用が進んでいないという状況が見えてくる。

次に警察庁が２０１９年6月に発表した、２０１８年の山岳遭難の概況で、年齢層別の遭難者数の構成比を見ると、20歳未満、20歳代、30歳の年齢層はそれぞれ10％以下だ。40歳代と50歳代でもそれぞれ15％前後であるのに対し、60歳代は22・1％、70歳代では22・3％と明らかに高い数字だ。80歳代の5・8％を加えると50・2％となり、遭難の半分を60歳以上の高年齢層が占めている。

結局、多くの登山者がスマートフォンを使っていないのであれば、スマートフォンを活用しての遭難予防も効果は低くなる。特に現在は、団塊の世代が70歳代となり、今までにないほど高年齢層が多い状況だ。その結果、登山者を守るテクノロジーが導入されているにもかかわらず、遭難者が増加しているのが実情ではないだろうか。

さらに遭難原因を見ると、多いのは道迷い、滑落、転倒、病気、疲労という順だ。しかしこれらの遭難原因は、スマートフォンなどを活用することで、防ぎやすいものでもある。

道迷いは、キャッシュ型ＧＰＳアプリを正しく使えばほぼ防げる。滑落を防ぐのは難しいと思えるが、滑落という結果に至る前に、道間違いや道迷いがある例が少なくない。それであれば、やはりＧＰＳアプリの活用が有効だ。

転倒は、不注意や路面状況の悪さなど、さまざまな原因が考えられるが、体調不良によってバランスを崩す場合も多い。病気、疲労も含めたそういった体調不良は、今後普及が進むであろうヘルスケア系のウェアラブルデバイスを活用することで事前に察知しやすくなる。現時点でも、安価なスマートバンドを使うだけでも、ある程度は体の状態を数字でチェックできる。

これらを考えると、スマートフォンをあまり積極的に活用していない高年齢層こそ、意識的に活用していくことで、増加し続ける遭難を防いでいけるのではないか。

登山にかかわらず、スマートフォンやインターネットなどのICT(Information and Communication Technology：情報通信技術)の活用は、間もなく日本に訪れる超高齢化社会での活力を引き出す原動力になると考えられている。遭難を防ぐ、という観点だけでなく、国の生活基盤を支えていくためにも、あらゆる年代の人が積極的に活用していくことが望ましいと思える。

危険を引き寄せないために注意すべきこと

インターネットやスマートフォンを積極的に活用していると思われる、50歳代以下の登山者が遭難に占める割合は少ない。しかし割合が少ないとはいえ、遭難件数は明らかに増加している。そしてその概要を調べると、第1章で述べたような、不確かなインターネットの情報に振り回されたり、適切ではないスマートフォンの使い方をした結果の遭難と思われる事例も多い。

本来は登山者を便利にし、サポートするために導入されたサービスやツールを活用することが、アクシデントの背景にある状況はとても残念に思える。そこでここからは、不用意に危険を引き寄せないようにするために、各種テクノロジーを活用するうえで特に注意したい5つのポイントについて述べる。

まず第一は、**インターネットの情報をそのまま信じてはいけない**、ということ。

第1章で述べたことの繰り返しになるが、誰もが自由に情報発信できるということがインターネットの特徴だ。そしてその正誤をチェックする者は存在しない。間違った情報、勘違いした情報、不注意な情報、無責任な情報、悪意を持った情報の、いずれもが存在可能だ。

検索エンジンが、検索上位に表示するページを決定するためのアルゴリズムは、日々進歩している。そうはいっても基本は、構造化された解りやすい構成になっているウェブサイト、人々の興味を引く、好まれやすい言葉を散りばめたコンテンツが豊富にあるウェブサイトが上位になる、という傾向は変わらない。共感しやすかったり、または逆に批判しやすかったりと、けっきょくは解りやすいページが好まれることになる。大雑把に言ってしまえば検索エンジンとは、複雑な人気投票をしているのにすぎず、内容の妥当性を見ているわけではない。

したがって、インターネット上の情報、いわゆるウェブ情報というのは本質的にそのまま信じてはいけない。自分の目でそれを分析、整理し、正しいかどうかを判断する能力が必須となる。いわゆる、リテラシーというものだ。

検索エンジンで何かを調べるときは、検索上位だけを見て納得するのではなく、3ページくらいは確かめたほうがいい。そしてよいと思われるウェブサイトが見つかったならば、執筆者のプロフィールや全体の記事をざっと見てから、信頼できるかどうかを判断するようにしたい。『ヤマレコ』や『YAMAP』のようなハンドルネームが前提のSNSも、安全などに関わる特に重要な記述を見るときには、その人の過去の記録も遡ったりしてから、信頼するかどうかを判断すべきだ。

第二のポイントは、**SNSの活用には冷静さと距離感が必要である**、ということ。

SNSでは、美しい山の写真は注目を浴びやすく、以前は自己完結するしかなかった登山を、間接的ではあるにしろ、多くの人に見てもらえるようになった。その登山を「いいね！」やコメントで、称賛してもらえるのは心地よい。

しかしそれも度を過ぎると、判断を乱す材料になる。第1章で見たように、登山ではその判断ミスが原因で、命を落とすことすらあり得る。

登山者は、純粋に登ること以外の、登らなければいけない理由を設定すると無理な行動をとりがちだ。それが「いいね！」を求める、ほんのささやかな気持ちであったとしてもだ。SNSの利用には少し距離感をとったうえで、登山中は冷静さを保って安全な行動を心がけるようにしたい。

プランニングとシミュレーションで遭難予防

第三のポイントは、**手軽に作れる登山計画書では遭難を防ぐ効果は低い**、ということ。最近は登山届の提出方法として『コンパス』が推奨される場面が多くなり、それで出しておけば問題ない、と考える人も多いだろう。

コンパスは入力する項目もさほど多くはなく、日帰りの登山であれば2〜3分で登山届が共有できる。捜索する側からすると最低限の情報の記載があれば十分だし、『ココヘリ』で捜索してもらうための要件もクリアする。しかし登山者側の立場から考えると、それでは不足だ。大切なのは遭難したとき確実に救助してもらうこと以上に、遭難自体を防ぐことだからだ。

遭難を防ぐため、事前にやるべきことは多いが、特に重要なのは、目指す山やコースについて深く考えてプランニングをすることと、プランニングの時点でコースのシミュレーションをしておくことだ。もし、コンパスの画面上でコースをタップするのみでプランニングを済ませているのだとしたら、あまりにも手軽すぎてシミュレーションができているとは言い難い。

それはほかの登山計画マネージャーを利用するときも同様だ。主要ポイントをクリックし、出発時刻を入力。あとはポイントごとの休憩時間を入力すると、下山予想時刻が表示される。コース入りの地図を印刷できるし、そのほかの項目も入力すれば、登山計画書が仕上がる。非常に便利で手軽だが、これほど手軽では、深く考えなくても流れるようにプランニングが進んでいく。登山前にコースについて考えて、シミュレーションを行なうことが大切なのに、そのプロセスが抜け落ちてしまう。

もし実際に、山の中でアクシデントに遭遇した場合を考えてみるとどうだろうか？　ただポイントをクリックするという作業しか行なっていない場合には、先の状況をつかめていない可能性が高い。進むのか、引き返すのか、エスケープルートを行くのか。その判断材料が、頭に入っていないのではないか？　それが原因で右往左往したり、誤った判断をするようなことになってしまうのではないだろうか？

各種ツールが発達した今であっても、登山の前に考えることは重要だ。おすすめなのは、地形図をプリントアウトし、ガイドブックなどを確かめながら、歩くコースをマーカーなどで書き込むとだ。その段階で、迷いやすい地形などをマークアップしておく。多少迷っても、ＧＰＳアプリがあれば大丈夫、と考えるかもしれないが、その場で対処するよりも、事前に解ることはチェックしておくほうが確実だ。

とはいえ、コースタイムを計算するには、登山計画マネージャーはとても便利なツールだ。登山届の提出も、今や『コンパス』が最も確実だ。

したがって、プランニングの時点ではガイドブックと地形図を使って、シミュレーションしつつエスケープルートなども検討。その作業と並行し、登山計画マネージャーを使ってコースタイムを計算し、登山計画書も作成。出発前に、コンパスに必要事項を入力し、登山届として共有するのがいい。面倒に思えても、実際の山でアクシデント発生時に判断に苦しむことを考えれば、大きな手間ではない。

万能ではないGPSアプリ

第四のポイントは、**現在位置が解っただけでは道迷いは防げない**、ということ。

キャッシュ型GPSアプリが登場し、登山中はほぼ正確な現在位置が瞬時に解るようになった。これで道迷いはほぼ完璧に防げるはずだが、GPSアプリを使っても道に迷う人は思いのほか多い。正しい活用ができていないからだ。

GPSアプリを使いこなすには、等高線を読み取り、それが表現する地形を知って、なおかつ現実の地形に当てはめる読図力は必須だ。その読図力がないために、登山道を踏み外してしまうことがある。

たとえば落ち葉が積もって登山道が見えにくい尾根を下っているとき、標高差70mを下った先に現れる鞍部で登山道が尾根を離れ、左へ下るとする。GPSアプリで等高線を読み取ればそのことは明らかなので、普通であれば、尾根を離れる鞍部を意識して進む。しかし、等高線を理解していなければ、画面の中で現在位置を示す三角が、登山道が折れ曲がる部分に重なったタイミングでおもむろに左折しようとする。GPSの受信状況などにより、表示のタイミングにタイムラグが生じていたら、道ではないところで左折してしまい、危険な状況に陥ってしまう。

このように、ただ単に現在位置を知り、右か左かしか考えていないようであれば、GPSアプリを持つことのメリットは小さい。道が不明瞭な状況や、地形そのものが間違えやすい状況でのナビゲーションを行なえずに、道に迷うことになる。

GPSアプリには限界があることも知っておくべきだ。山で進路判断を行なう技術は2つある。ひとつが地図を使って俯瞰的に進路を定めるナビゲーションで、もうひとつが周辺状況を観察して進路を見つけ出す、ルートファインディングだ。実際の登山時には、このナビゲーションとルートファインディングを、交互に繰り返して進む。

しかしGPSアプリがあれば道には迷わないと考えて、スマートフォンの画面と足元だけを見て歩く登山者もいる。歩いていておかしいと感じても、遠くを見渡して、何かルートの目印を探すということはしない。落ち葉などが多くて道が不明瞭になると、ますますスマートフォンの画面ばかりを見て右往左往することになる。

GPSアプリがサポートできるのは、ナビゲーションに限られる。スマートフォンでルートファインディングをサポートすることはできないため、正しい進路へ進むには、自分の目で周辺観察を行なってのルートファインディングが欠かせない。

ルートファインディングが特に重要になるのは、傾斜の強い岩場が続くコースだ。そのようなコースは上下方向へ移動する場面が増えるが、GPSアプリでは水平方向の地形しか示せないのだ。

たとえば近年は、それまでの登山経験を見るかぎりでは、実力不足と思える登山者が槍ヶ岳の北鎌尾根に向かって行方を絶つ例が目立つ。北鎌尾根は道迷いしやすいコースだ。そのため多くの人は、GPSアプリを活用していたはずだ。しかし北鎌尾根では、GPSアプリの画面を見ても正しい進路は見出しにくい。岩の形状を注意深く観察する高度なルートファインディングが必須となるコースなのだ。それまでGPSアプリをフル活用してステップアップしてきた登山者にとっては、通常以上に手強く感じられるに違いない。

同様の岩場が多いコースを目指す場合は、GPSアプリを使いこなす以上に、ルートファインディングの力を身につけることが必要だ。

スマートフォンですべてを済ませるのは危険

第五のポイントは、**すべてをスマートフォンに集約するのは非常に危険である**、ということ。これだけ何もかもがスマートフォンを使って便利にこなせるようになると、より積極的に活用するだけでなく、できるだけ物を持たないようにして、スマートフォンだけで済ませようと考える人も現われる。

しかしそれでは、スマートフォンを失ったら何もできなくなってしまう。

前に述べたとおり、スマートフォンには常に電池切れ、破損、紛失といったリスクがつきまとう。繊細な機器でもあり、ときには故障もする。したがって地図を持つのはもちろんのこと、そのほかの物も、バックアップとして持つ必要がある。

具体的には、紙の地図は2つ持つ。P147で紹介した早池峰山の遭難者も、1枚だった地図を失い、さらに携帯電話も失うことによって、ココヘリを待つしかない状況に追い込まれている。山で現在位置とその先の進路を知るための手段がなくなったとしたら、その時点で遭難といえるほど危険な状況だ。地図に関しては特に慎重に、二重のバックアップを心掛けたい。

その2つの地図は、種類を変えたほうが、いざというときの判断材料が増えて役立つ。ひとつは

Ｐ１７１で紹介した、コースを自分で書き込んだ２万５０００分ノ１地形図を持参し、もうひとつは登山地図を持つのがいいだろう。

さらに、緊急時の連絡先を記した計画書もプリントアウトして持つ。これは各種登山計画マネージャーからもプリントアウトできる。筆記具も必要だ。遭難時には状況を記録したり、ほかの登山者にメモを渡して救助依頼をしたりすることもあるからだ。

カメラも、写真データのバックアップとスマートフォンの電池の温存を考えると、別に持つほうがいい。

以上の５つのポイントに注意することで、インターネットやスマートフォンの活用時に潜む、落とし穴のようなリスクは回避できるはずだ。大切なのは、そのツールやサービスを使ってできることとできないことを見極めることと、必ずバックアップを考えることだ。山では予期しない出来事はしばしば起こり、往々にしてそれが事故や遭難に結びつく。面倒に思えても、アクシデントへの備えを怠ってはいけない。

テクノロジーと相性のよい技術、悪い技術

登山を行なう際に、必要となる技術は多岐にわたる。ここであらためて、各種テクノロジーの発

達によってサポートされるようになった技術と、そうではない技術を確かめてみる。

テクノロジーの発達によって、最も恩恵を受けたのは位置情報を扱うものだ。ここまで見てきたように、GPSを使った位置情報と、座標が埋め込まれた地図画像、それに数値標高との組み合わせによって可能になったことは数多い。地図読みやナビゲーションのサポートだけでなく、歩いたコースも記録できる。さらに方角のデータも加えることによる山座同定や、天体の動きも加えて日没などの状況も簡単に知ることもできる。

本書ではあまり触れていないが、気象情報も大きく進化した。現在の天気予報は、気象衛星や気象レーダーで収集されたデータを、スーパーコンピュータでシミュレーションする数値予報が基本だ。そしてインターネット上では、さまざまに処理された予報の結果を閲覧できる。かつて主流だったラジオの気象通報から天気図を手書きし、それをもとに自力で予測する方法はもはや過去のものだ。

各種テクノロジーは、ヘルスケアには特に力を注いでいる。登山中の体調管理も、より確実にできるようになることが期待される。

そして情報のやりとりこそがテクノロジーの本領でもあり、さまざまな登山情報の保存、発信、閲覧、共有ということは非常に行ないやすくなった。

しかし、テクノロジーのサポートが得られる登山技術は、おおむねそこまでだ。まず、何よりも根幹となる歩行技術や登攀技術といった、体を動かすことに対してサポートはできない。登山道の安全性などの状況判断もできないし、ルートファインディングも不可能だ。アクシデントが発生した場合のセルフレスキュー技術、ファーストエイド技術といったものも、ごく一部分を除いてテクノロジーの恩恵はない。

専門家から指導を受けるメリット

テクノロジーのサポートを受けることができない技術は、数値化が困難な、実技の要素が高い技術だ。それらはP16で述べた、独学のしやすさで分類した場合には、独学をしにくい技術に含まれる。

しかし独学のしにくい技術であっても、独学を試みる登山者は多い。自由さを求めたり、他人に気兼ねなく登山を楽しみたいという気持ちが、そうさせるのだろう。しかし技術を確実に身につけるには、思い切って専門家からの教えを受けたほうが早くて間違いがない。

たとえば、単に歩くだけと思われる歩行だが、正しい技術で臨めば体への負荷を少なく登ることが可能だ。登山の初心者が、ザックの背負い方や、靴紐の結び方、さらに歩くときの歩幅のとり方やペース配分、水分補給のタイミングなどの指導を受けるだけで、苦痛なく登山が楽しめるようになったと口にすることは多い。

指導を受けたほうがいいというのは、私自身の実感でもある。

私は、24歳で入会した山岳会でロープワークを教わった。私は本格的な登山を志してから、山岳会に入るまで約2年間、独学でクライミングや沢登りを行なっていた。ロープワークは、本だけで学習した。ところが山岳会で指導を受け、自分のそれまでやっていたロープワークが、一昔前のものだったり、非効率的なものだったと知った。さらに明らかな間違いもあったが、そのことにもまったく気づいていなかった。いつ、事故を起こしてもおかしくないようなことを繰り返していたことを知り、ゾッとしたものだ。

そしてクライミングの動作や、ラッセルの方法、テント内での生活技術など、それまで悩んでいたありとあらゆることが、教わればすぐに解ることだと知って唖然とした。

あれこれ試行錯誤してやってきたことが、完全に無駄だったとは言わない。ただし遠回りだったばかりか、危険でもあった。20代前半の貴重な2年間を、無駄な労力に費やしてしまったという後悔は、今も拭い去ることができない。

人から学ぶ場を作る必要性

山の技術を学ぶ場としては、日本山岳協会や日本勤労者山岳連盟といった山岳団体が主催する、講習会に参加する方法がある。また、山岳ガイドから指導を受ける方法もある。しかしどちらも、費用がかかるうえに、受講可能な日時は限られる。ガイドであれば、相談のうえ、継続して指導を受けることも不可能ではないが、相応の金額になるため、経済的に余裕がある人でないと難しい。

そこでもうひとつ考えられる学ぶ場が、山岳会だ。指導を受けるための費用は発生しないため、金銭面での負担はごく少ない。しかも、継続して指導を受けることができるだけでなく、ある時点で、リーダーとしての立場が求められるようになる。そのことは、登山者としてのレベルアップに大きく寄与する。

けれども現在は活発に活動する山岳会は少ない。山岳会運営の中核となる、40代から50代にかけての会員が、少ないためだ。

今から20年ほど前は、20歳代から30歳代前半にかけての、能力の高い優秀な登山者は数多かった。彼らは皆、それぞれの山岳会のなかで、若手会員として活躍していた。しかし組織よりも個人を優先する風潮が高まったことや、能力が落ちたらその時点で引退するという、スポーツ選手的な割り切りによって、多くが山岳会を離れた。

その結果、山岳会には上の世代ばかりが残ることになった。当時40歳代、50歳代で会運営を担っていた人たちは、今や60歳代、70歳代だ。

2009年前後に、登山の魅力が見直されたことをきっかけに積極的に山に向かうようになった若い世代のなかにも、レベルアップを目指そうとする人も、少なからずいるはずだ。しかしそこで山岳会への入会を考えたとしても、主要メンバーの年齢が高いことがネックとなる。多くの人は、70歳代の人から指導を受けたい、という気持ちにはなれないに違いない。とはいっても、山岳団体やガイドが行なう講習を継続的に受講できる人は少ないのが現状だ。ほとんどの人が、数回は受講したことがある、といった程度ではないだろうか？

その一方で、インターネット上には情報がある。意識する、しないにかかわらず、ネット情報頼りのレベルアップを試みる登山者が多いのが現状だろう。しかしそれでは、基本の型ともいうべき知識や技術に気づかない、自己流登山を続けることになってしまう。

人から学ぶことの大切さは、多くの山岳関係者の共通認識だ。今回、お話を伺ったなかでも『YAMAP』の春山氏は、登山のノウハウを人から人への伝達で学ぶことの重要性を口にした。『ヤマレコ』の的場氏も、本来は山岳会のように、身近で見てくれる人がいるのが一番と言う。

そして『Geographica』の松本氏も、人から学ぶことの重要性を強く訴える。現在は東京都山岳連盟が主催する「おくたま登山学校」委員会の委員長として、各種講習を実施する立場にもいる。

そう考えると、さまざまな制約があるとはいえ、現状では山岳団体やガイドの講習を受講することが最も現実的だ。特に普段、単独登山を行なうことが多い人は、新しい技術を知るだけでなく、ほかの人と接することで学べることは多い。また、講習会を継続して受講するのが難しい場合には、山の技術書で補うことをお勧めする。具体的で実践的な技術の全体像を知ることで、より確実なステップアップのためのガイドラインが、イメージできるようになるはずだ。

これからの先端テクノロジーの流れと登山

近頃はニュースでも、5Gやビッグデータ、AIなどの言葉を頻繁に耳にするようになった。まさに現在は、次の最先端テクノロジーが、私たちの生活に大きな変化をもたらしつつある一大転換期だ。最後に、これから登場するテクノロジーが登山にどのような影響を与えていくのかを、予想する。

まず注目したいのは、2020年よりサービスが始まる「5G」、第5世代移動通信システムだ。現在のスマートフォンで使われている4Gに比べた場合、容量の大きなデータを途切れることなく高速にやりとりできるのが特徴だ。期待度は高いが、登山者が恩恵を受けるのはしばらく先になりそうだ。5Gで利用される電波の周波数が高く、光に近い性質を持つためだ。電波到達距離が短く、ひとつの基地局でカバーできるエリアが狭い。居住地や大都市からの基地局整備が優先で、山岳地帯は後回しとなる見込みだ。

それでも、一部の山小屋の周辺では基地局が設置されることも考えられる。5Gは、精細な動画をリアルタイム、かつ多視点で配信することが可能だという。それが実現した場合、ひとつ考えられるのが、リアルタイムでの美しい山の映像の配信だ。現在とは異質の、臨場感あふれる映像が楽しめるようになるに違いない。

さらに、オンラインでの登山技術の伝達も可能にすることが期待できる。多視点であることで、現在の動画では詳細を伝えることの困難な、ロープワークやファーストエイドのノウハウを、解りやすく見せることができるだろう。

そして特に恩恵を受けるのは、山へのアクセスになるはずだ。5Gは個人のスマートフォンよりも、むしろIoT（物のインターネット、Internet of Things：IoT）で活用される技術だ。IoTの具体的な事例としては、自動運転車がある。リアルタイムで変化する交通状況に対応するためには、大量のデータをやりとりする必要があり、5Gが必須とされている。自動運転車の試験導入は各地で始まろうとしているが、実際の運用はエリア限定で行なわれる見込みだ。特に山岳地帯は環境保全の面でも、導入は進みやすいと思われる。最寄り駅から登山口までを、自動運転車で移動するようになる日は近いかもしれない。

5GやIoTと特に相性がよいと思われているのが、ヘルスケア関係だ。現在でも手首に巻きつけるタイプのウェアラブルコンピュータとして、スマートバンドが普及している。Bluetoothを利用してペアリングしたスマートフォンで処理を行なうが、現状では活動量と心拍数、睡眠の深さの計測程度しかできない。それが体温や血圧、それに血糖値や脳波までも計測可能にする研究が進んでいる。

いずれ登山行動中も、ウェアラブルコンピュータで常に体をセンシングするようになるだろう。そして発汗にともなう体調不良や、カロリー不足で動けなくなることを事前に察知し、必要な水分、カロリー補給を促してくれるようになるはずだ。さらに高山病、熱中症、低体温症といった登山時に特に発症しやすい体調不良も予防し、発症した場合には対処方法を伝えてくれるようになるかもしれない。

ウェアラブルコンピュータは、センサーだけではなく、情報を表示するタイプのものもある。グラスやコンタクトレンズタイプのものだ。こちらはまだ発達途中の技術ではあるが、将来的には登山情報をインプットしたスマートグラスを着用することで、実際の景色に危険ポイントや道迷いポイントが表示されたり、見落としがちな絶景ポイントを示せるようになる可能性がある。

ビッグデータと、それを活用したＡＩにも期待ができる。たとえば、登山者が実際に歩いたトラックログと休日、天候などのパラメータを、ディープラーニング（Deep learning：深層学習）の技術を使って分析し、登山道の混雑状況を予測させることはすぐにできそうだ。

さらにコースの難易度や、登山者の身体特性、遭難の発生状況もパラメータに加えることにより、「遭難係数」のような指標の提示も可能ではないだろうか。たとえば秋のある日に大キレットを目指すことをスマートフォンに伝えると、核心部の通過予定時刻は小雨の予報なので、遭難係数は85、やや危険なので中止か延期を考えること、といったように伝えられる。このような技術が実現するならば、安易なプランニングによる登山を予防でき、遭難件数を大きく減らしていくことも期待できそうだ。

ここに記したものは、希望も含めた私の予想ではあるが、おおむね実現可能ではないだろうか。そしてテクノロジーの進歩は著しく、予想し得ないアイディアが実現する可能性も高い。それらテクノロジーに振り回されることなく、より効果的に登山に活用することで、増加している遭難が可能なかぎり減少する方向に転じることを願っている。

おわりに

本文中でも紹介したとおり、山と溪谷社は以前『週刊ヤマケイ』というウェブマガジンを配信していた。その間、私は2年に渡って、山のリスクマネジメントについての連載記事を執筆していた。その連載記事が評価いただけたのか、新書を1冊書いてみないか、とのお話をいただいたのは2018年の9月。それからテーマについての相談が始まった。そして、インターネットやスマートフォンと、登山者との関係を解説するものに、と決まった。もっと気軽な本をイメージしていた私は、予想よりも難しそうなその内容に気後れしたものの、思い切って引き受けることにした。

今から30年ほど前、私が登山を始めた頃は、紙の地形図に、定規を使って正確に磁北線を書き入れることが、登山技術の基本とされていた。さらに天気は、ラジオの気象通報を聞き取って手で天気図を書き上げ、それをもとに予想するのが当たり前だった。

何かが変わりはじめるきっかけを感じたのは、確か1999年の夏だった。甲斐駒ヶ岳の岩壁でビバークしていた夜、妙に街の灯りが近く見えた。そこでふと思い立って携帯電話を取り出して、東京に住む友人の番号を押したところ、通話ができたのだ。今では山で携帯電話で話すことは当たり前だが、当時は驚きの出来事だった。これで山の世界は変わるのかもしれない……便利であるけれど、山と登山者とが社会の大きなシステムの中に不意に取り込まれてしまったような、漠然とした不安を感じたことを覚えている。

それから20年以上が経ち、インターネットもスマートフォンも、今や登山には欠かせない存在だ。私の不安は半ば的中したともいえるが、テクノロジーの発達が登山に与えた影響は、デメリットよりもメリットのほうが大きいだろう。しかしその活用の度合いは個人によって違う。馴染めずにほとんど使わないという人がいる一方、過度に依存して、危ない状況を作り出している人もいるのが現状だ。

登山は、テクノロジーのサポートはなくても可能だが、活用することで、より便利に、快適になるばかりか、安全にもなる。ただし、できることは限られるので、それを知ったうえで活用する必要がある。

本書は、私自身の登山経験と、インターネットやスマートフォンを使ってきた経験の両方を照らし合わせてまとめた。特に各種テクノロジーができること、できないことを明らかにすることを心かけた。今まで山行記録共有システムやＧＰＳアプリを敬遠していた人には使っていただけるよう、既に活用している人には、より確実に使えるような、アドバイスを盛り込んだつもりだ。ぜひ参考にして、皆さんの安全登山に役立ててほしい。

また本書では、ＩＴライターの山田祥平氏、『山岳捜索チームLiSS』代表の中村富士美氏、『Geographica』開発者の松本圭司氏、『ヤマレコ』代表取締役の的場一峰氏、『YAMAP』代表取締役の春山慶彦氏、『ココヘリ』取締役の八木澤美好氏、ＫＤＤＩ広報部の皆様、山と溪谷社『ヤマケイオンライン』部の田中潤二氏、そのほか多くの方にお話を伺い、最新の情報などについて教えていただいた。また『週刊ヤマケイ』時代からの長いお付き合いとなる山と溪谷社の佐々木惣氏には、企画、取材の多くの場面でお力添えいただいた。皆様に、心より御礼を申し上げたい。

登山ガイド　木元康晴

２０２０年2月

【主な参考文献】

野村 仁『もう道に迷わない』 2015年・ヤマケイ新書
野口悠紀雄『「超」独学法 AI時代の新しい働き方へ』 2018年・角川新書
山本康正『次のテクノロジーで世界はどう変わるのか』 2020年・講談社
亀井卓也『5Gビジネス』 2019年・日経文庫
三菱総合研究所『IoTまるわかり』 2015年・日経文庫
日経クロストレンド『5G&人工知能ビジネス2020』 2019年・日経BP
竹村彰通『データサイエンス入門』 2018年・岩波新書
『山と溪谷』 2019年9月号(特集 紙地図と電子地図)・山と溪谷社
『岳人』 2020年2月号(特集 地図と天気を読む)・ネイチュアエンタープライズ

装丁＝渡邊怜
帯写真＝永易量行
本文ＤＴＰ＝井上安里

木元康晴（きもと　やすはる）

1966年、秋田県出身。東京都山岳連盟海外委員、日本山岳ガイド協会認定登山ガイド（ステージⅢ）。2009年から登山ガイドの仕事を始め、2011年から「山と溪谷」「ワンダーフォーゲル」「岳人」などで数多くの記事を執筆。ヤマケイ登山学校『山のリスクマネジメント』では監修を担当。著書に『山のABC　山の安全管理術』、『関東百名山』（共著）など。

ＩＴ時代の山岳遭難　YS047

2020年4月5日　初版第1刷発行

著　者　木元康晴
発行人　川崎深雪
発行所　株式会社　山と溪谷社
〒101-0051
東京都千代田区神田神保町1丁目105番地
https://www.yamakei.co.jp/
■乱丁・落丁のお問合せ先
山と溪谷社自動応答サービス　電話03-6837-5018
受付時間／10時～12時、13時～17時30分
（土日、祝日を除く）
■内容に関するお問合せ先
山と溪谷社　電話03-6744-1900(代表)
■書店・取次様からのお問合せ先
山と溪谷社受注センター　電話03-6744-1919
ファクス03-6744-1927

印刷・製本　図書印刷株式会社

定価はカバーに表示してあります

Printed in Japan ISBN978-4-635-51057-8

山の世界を、より豊かに楽しむ―ヤマケイ新書